零起点葡萄牙语语法轻松学

〔德〕Isabel Morgado Kessler 编

邓红梅 译

何庆元 桑大鹏 审校

U0152494

商务印书馆
创于1897 The Commercial Press

图书在版编目（CIP）数据

零起点葡萄牙语语法轻松学 /（德）伊萨贝尔·摩尔加多·凯斯勒编；邓红梅译.—北京：商务印书馆，2021
ISBN 978-7-100-20092-9

Ⅰ.①零… Ⅱ.①伊… ②邓… Ⅲ.①葡萄牙—语法—自学参考资料 Ⅳ.① H773.4

中国版本图书馆 CIP 数据核字（2021）第 124780 号

权利保留，侵权必究。

PONS
Grammatik kurz & bündig
PORTUGESISCH
ISBN: 978-3-12-562053-7
© PONS GmbH, Stuttgart Federal Republic of Germany, 2018
© The Commercial Press, Beijing, 2021

零起点葡萄牙语语法轻松学

〔德〕Isabel Morgado Kessler 编

邓红梅 译

何庆元 桑大鹏 审校

商 务 印 书 馆 出 版
（北京王府井大街36号 邮政编码100710）
商 务 印 书 馆 发 行
北京中科印刷有限公司印刷
ISBN 978-7-100-20092-9

2021 年 8 月第 1 版　　　　　开本 880×1240　1/32
2021 年 8 月北京第 1 次印刷　　印张 4¼

定价：38.00 元

使用指南

《零起点葡萄牙语语法轻松学》一书由 PONS 出版社出版，本书将为您详细介绍目前通用的葡萄牙语语法。本书列举了大量例句解释葡萄牙语语法规则，且附有相应的中文译文，以便您轻松记忆相应的语法规则。

对于经常出错的语法知识点，本书也会适当给出规避错误的建议，以免葡萄牙语学习者在学习过程中再犯此类错误。

图标释义

表示不应忽视的规则或特殊之处。

表示英语和葡萄牙语的不同之处，应当特别注意。

表示让您更容易记住规则的小贴士。

表示在巴西葡萄牙语中的用法。

▶表示参见其他语法章节，

例如▶副词一章

在线练习

针对本书中的重要语法知识，网站 www.pons.de/grammatikportal 会提供相应的在线练习，通过这些练习，您能更好地掌握葡萄牙语。

祝您在学习葡萄牙语的过程中乐趣无穷，大获成功！

目录

略语表

葡萄牙语	中文
adje(c)tivo	形容词
advérbio	副词
artigo	冠词
comparativo	比较级
complemento	宾语
condicional	条件式
conjugação	动词变位
conjunção	连词
conjuntivo/subjuntivo	虚拟式
consoante	辅音
ditongo	二合元音
futuro	将来时
género	词性
gerúndio	副动词
imperativo	命令式
indicativo	陈述式
infinitivo	不定式
modo	式
negação	否定词
normal	形容词原级
particípio	分词
passiva	被动语态
plural	复数
prefixo	前缀
preposição	前置词
presente	现在时
pretérito imperfeito	过去未完成时
pretérito mais-que-perfeito	先过时
pretérito perfeito	过去完成时
pronome	代词
pronome demonstrativo	指示代词
pronome indefinido	不定代词
pronome interrogativo	疑问代词
pronome pessoal	人称代词
pronome possessivo	物主代词
pronome relativo	关系代词
singular	单数
substantivo	名词
sufixo	后缀
sujeito	主语
superlativo	最高级
tempo	时态
verbo	动词
vogal	元音

说明

在葡萄牙，根据 1990 年版正字法，书写时需要保留括号内的字母，在巴西则不需要：ó(p)timo → 葡萄牙：óptimo，巴西：ótimo

Alfabeto, pronúncia, acentuação – 字母表、发音及重音

非母语使用者通常觉得葡萄牙语说得比较快，加上鼻音让人不习惯，[ʃ] 的发音也很饱满，尤其是单词还经常连读，这些都增加了听力理解的难度。那么葡萄牙语到底是如何发音的呢？下面，就让我们一睹它的"真容"。

字母表

A	a	[a]	**N**	n	[ˈɛnə]
B	b	[be]	**O**	o	[ɔ]
C	c	[se]	**P**	p	[pe]
D	d	[de]	**Q**	q	[ke]
E	d	[ɛ]	**R**	r	[ˈɛrə]
F	f	[ˈɛfə]	**S**	s	[ˈɛsə]
G	g	[ge]	**T**	t	[te]
H	h	[ɐˈga]	**U**	u	[u]
I	i	[i]	**V**	v	[ve]
J	j	[ˈʒɔtɐ]	**W**	w	[veduˈbrau]
K	k	[ˈkapɐ]	**X**	x	[ʃiʃ]
L	l	[ˈɛlə]	**Y**	y	[iˈgregu]
M	m	[ˈɛmə]	**Z**	z	[ze]

发音

音素之间的连读让葡萄牙语的发音变得困难。初学者听葡萄牙语时，常常感觉只听到一长句话，而听不出每个单词。例如，词尾辅音与其后的元音连读。e 位于词尾，后接如下元音时，e 不发音，o 或者 a 有时也是如此：

depois de amanhã   [dəˈpoiʒ d‿ameˈɲĕ]

pequeno almoço   [pəˈken‿alˈmosu]

两个不重读的 a 相遇时，只发一个 a 的音：

toda a noite   ['toda 'noite]

元音

a	在重读音节	读开音	[a]	cá, lado
	在非重读音节或单独出现	读闭音	[ɐ]	cama, a
	在 m 或者 n 前	发鼻音	[ẽ]	campo, quanto
ã		读闭音且发鼻音	[ẽ]	manhã
e	在重读音节	读开音	[ɛ]	café, ela
	在重读音节	读闭音	[e]	cena, ele
	在词尾	几乎听不到	[ə]	tarde, onde
	在词尾（巴西）	类似 i	[i]	telefone, noite
	在词首且在 s、x 之前或者单独出现	类似 i	[i]	estar, exame, e
	在 n 之前	发鼻音	[ẽ]	quente
i			[i]	livro, bonito
	在 m 或者 n 前	发鼻音	[ĩ]	fim, ginja
o	在重读音节	读开音	[ɔ]	porta, avó
	在重读音节	读闭音	[o]	novo, avô
	在非重读音节或单独出现	与 u 类似	[u]	obrigado, o
	在 m 或者 n 前	发鼻音	[õ]	com, pronto
õ		读闭音且发鼻音	[õ]	aviões, corações
u			[u]	tudo, lugar
	在 m 或者 n 前	发鼻音	[ũ]	um, presunto

相比在葡萄牙，在巴西，元音的发音一般开口更大，也更清晰。

二合元音

二合元音是由两个元音组合的复合元音。在葡萄牙语中有口二合元音和鼻二合元音之分，其中，每个元音都保留自身的声调。

在口二合元音中，请注意开元音 **e** [ɛ] 与闭元音 **e** [e] 以及开元音 **o** [ɔ] 与闭元音 **o** [o] 之间的区别：

hotéis [ɔ'tɛiʃ]   **peixe** ['peiʃə]

céu ['sɛu]   **seu** ['seu]

sóis ['sɔiʃ]   **coisa** ['koizɐ]

在鼻二合元音中，第一个元音发鼻音：

irmão [ir'mɐ̃u]

mãe [mɐ̃i]

corações [kure'sõiʃ]

需要注意的是，词尾的 **am** 和 **em** 同样可以构成一个二合元音。在这种情况下，元音 e 听起来像闭音鼻元音的 **a** [ɐ̃]：

falam ['falɐ̃u]

bem [bɐ̃i]

元音 ou 并不作为二合元音发音，而是总发 o [o] 的音！

辅音

辅音的发音方式与英语不同：

c	在 a、o、u 或辅音前		[k]	casa, como, oculto, pacto
	在 e 或 i 前	s 发清辅音	[s]	aceitar, cidade
ç	在 a、o、u 前	s 发清辅音	[s]	peça, almoço, açúcar

ch	在任何情况下	像英语的 sh	[ʃ]	chave, fechado
d	在 i 前（巴西）	像英语 jingle 中的 j	[dʒ]	dia, dire(c)tor
	在词尾非重读的 e 前（巴西）	像英语 jingle 中的 j	[dʒ]	tarde
g	在 a、o、u 或辅音前	像英语的 g	[g]	gato, Agosto, regular, igreja
	在 e 或 i 前		[ʒ]	longe, registo
h	没有 c 和 l 在其之前	不发音		há, hora
j	在任何情况下		[ʒ]	Jorge, jantar
l	在单词开头或元音之间	像英语单词 look 中的 l	[l]	lindo, falar
	在单词中辅音前或在词尾	像英语单词 hall 中的 l	[l]	alto, hotel
	在音节结尾或词尾（巴西）	与 u 类似	[u]	Valdemar, Brasil
lh	在任何情况下		[ʎ]	filho, mulher
nh	在任何情况下		[ɲ]	senhor, minha
qu	在 a 或 o 之前		[kw]	quarto, quota
	在 e 或 i 之前		[k]	quente, aqui
r	在单词、音节结尾或在元音之间	单击颤音	[r]	falar, barco, caro
	在单词、音节开头或出现 rr 的情况	双击颤音或发成小舌音 r	[R]	rua, honra, carro
s	在单词开头、辅音之后的音节开头或出现 ss 的情况	s 发清辅音	[s]	suave, pensar, passeio
	在元音之间或位于词尾且下个单词以元音开头	像英语的 z	[z]	casa, atraso, seis Euros
	在词尾或清辅音之前	像英语的 sh	[ʃ]	portas, festa

t	在 i 之前（巴西）	像英语的 **ch**	[tʃ]	tio, romântico
	在词尾非重读音节的 e 前（巴西）	像英语的 **ch**	[tʃ]	noite
v	在任何情况下	像英语的 **v**	[v]	vida
x		像英语的 **sh**	[ʃ]	peixe, baixo, sexta, extra
		像英语的 **z**	[z]	exame, exemplo
		s 发清辅音	[s]	próximo, máximo
		像英语的 **ks**	[ks]	táxi, tóxico
z	在单词开头或元音之间	像英语的 **z**	[z]	zero, azul
	在词尾	像英语的 **sh**	[ʃ]	dez

🔊 在巴西，词尾的 **s** 和 **z** 的发音并不像英语的 sh 那样有力，而发浊辅音的 **s**。

重音

重读音节	满足下列条件的单词	例词
重音在倒数第二个音节	以 **a**、**e**、**o**、**as**、**es**、**os**、**am** 和 **em** 结尾且没有重音符号的单词（大多数葡语单词都是如此）	menina, pequenos, falam
重音在最后一个音节	以 **l**、**r**、**z**、鼻音 **ã**、**ão**、**ões**、**i**、**u** 结尾且没有开音符号（´）或者闭音符号（^）的单词（有特殊情况！）	jornal, motor, rapaz, maçã, avião, javali
重音在倒数第三个音节	用开音符号或闭音符号标出的倒数第三个音节	história, conferência

❗ 读错重音影响沟通，其严重程度更甚于用错动词形式！

信不信由你：重音符号与重音是一对好朋友，因为带重音符号的音节必定重读。

读音符号

开音符号	agudo	á, é, í, ó, ú	**á**gua, caf**é**, dif**í**cil, **ló**gico
闭音符号	circunflexo	â, ê, ô	c**â**mara, portugu**ê**s,
抑音符号	grave	à	**à**, **à**quele, **à**quilo
鼻音符号	til	ã, ão, ãe, õe	irm**ã**, alem**ão**, m**ãe**, avi**õe**s

O artigo – 冠词

开篇之前要告诉各位读者一个消息：葡萄牙语冠词有阳性和阴性之分。

定冠词

定冠词的形式

	阳性	阴性
单数	**o** carro	**a** porta
复数	**os** carros	**as** portas

葡萄牙语名词有阴性和阳性之分，学习的时候请记住名词的词性，以便搭配相应的冠词。

a casa 房屋　　　**a** praça 广场　　　**o** canto 角落

定冠词的用法

定冠词和以下词连用：

人名	**O António** é português. **Os Santos** moram em Lisboa.
头衔及间接称谓	**O Dr.** Pereira é um bom médico. **A senhora** conhece o Brasil?
地名	**Os Alpes** são lindos!
节日	**A Páscoa** este ano é cedo.
物主代词	**O meu** amigo fala alemão.

在巴西，物主代词前一般不加冠词！

国家、城市名称的定冠词用法

定冠词用于国家名称前：

o Brasil	**a** Alemanha
os Estados Unidos	**a** Grécia

例外： Portugal   Israel

Cabo Verde   Andorra

城市名称前一般不加定冠词：

Coimbra tem uma universidade muito antiga.
Lisboa é a capital de Portugal.

以下城市名称带定冠词，由于名称单词本身有具体含义，或者在城市所属的本国语言中就带有定冠词：

o Porto（波尔图，单词原意：港口）
o Rio de Janeiro（里约热内卢，单词原意：一月河）
o Havre（勒阿弗尔，le Havre）
a Haia（海牙，Den Haag）

不定冠词

不定冠词的形式

	阳性		阴性	
单数	**um**	ano	**uma**	casa
复数	**uns**	anos	**umas**	casas

葡萄牙语中不定冠词的复数形式 **uns/umas** 表示"几个"或"一些"。若搭配数字使用，则表示大概数量。

Comprei **uns** livros interessantes.	我买了几本有趣的书。
De Lisboa ao Porto são **uns** 300 km.	从里斯本到 波尔图大概 300 公里。

冠词与前置词的缩合

一些前置词与定冠词或不定冠词缩合，从而合成一个单词。

定冠词与前置词的缩合

	+ o	+ a	+ os	+ as
a	ao	à	aos	às
de	do	da	dos	das
em	no	na	nos	nas
por	pelo	pela	pelos	pelas

定冠词和上述前置词连用，必须缩合！

Dás uma gorjeta **ao** porteiro.　　你给门卫一笔小费。
Leio a carta **da** minha amiga.　　我在看女朋友的信。
Há muita gente **na** rua.　　街上有很多人。
Vou pelo centro **da** cidade.　　我沿着市中心走。

不定冠词与前置词的缩合

	+ um	+ uma	+ uns	+ umas
de	dum	duma	duns	dumas
em	num	numa	nuns	numas

不定冠词和上述前置词连用，可以缩合，也可以不缩合！

as páginas **dum** livro　　　　一本书的书页
Moro **numa** aldeia pequena.　　我住在一个小村庄。

▶第 10 章 前置词，第 87 页。

O substantivo - 名词

所有名词都有性（阴性或者阳性）和数（单数或者复数）的分别。

名词的词性

葡萄牙语名词分为阴性和阳性，还有一部分名词是双性。

阳性	阴性
o carro	a porta
o senhor	a senhora

▶第 2 章 定冠词，第 9 页。

名词的词性大都能通过词尾辨别，以 o 结尾的词多为阳性，以 a 结尾的词多为阴性。

阳性	阴性
o ano	a semana
o amigo	a amiga

下列名词以 a 结尾，但是阳性。还有些词尾所属的名词既有阴性又有阳性。

o clima	气候	o restaurante	饭馆
o dia	天	a carne	肉
o alemão	德国人	o senhor a flor	先生
a estação	火车站		花

以 ema 或 ama 结尾的单词都是阳性。

o cinema（电影院），o tema（主题）
o drama（戏剧），o programa（项目）

特定词尾名词的词性

带有下列词尾的名词，其词性多为阳性：

词尾	例词	例外
-o	o ano, o erro, o almoço	
-or	o elevador, o motor, o calor	a cor, a flor
-á	o chá, o sofá, o guaraná	a pá
-s	o gás, o país, o lápis	a bilís
-l	o sal, o sol, o coral, o anel	a catedral
-az	o rapaz, o cartaz	a paz
-i	o júri, o javali	

带有下列词尾的名词，其词性多为阴性：

词尾	例词	例外
-a	a casa, a terra, a amiga	
-ade	a felicidade, a idade	
-gem	a paragem, a garagem	
-ção	a refeição, a estação	o coração
-ice	a velhice, a tolice	

💡 记忆单词，不忘词性，事半功倍！

同类词的词性

根据词义组成的同类词有相同的词性，此时，词尾字母对于词性没有影响。

阳性名词有：

方位	o Sul, o Norte,
海洋、河流	o Atlântico, o Pacífico, o Douro
语言	o português, o alemão, o inglês
数字、字母	o quatro, o c
颜色	o preto, o branco, o verde

阴性名词有：

果树	**a** laranjeira, **a** amendoeira, **a** figueira 例外：**o** limoeiro
果实	**a** laranja, **a** amêndoa 例外：**o** figo
科学	**a** medicina, **a** biologia, **a** física 例外：**o** direito

阴性名词的构成

许多名词的阴性形式从阳性名词衍生而来：

阳性词尾	阳性	阴性	规则
-o	**o** amigo	**a** amiga	-o → -a
重读音节的辅音	**o** senhor **o** deus **o** espanhol	**a** senhora **a** deusa **a** espanhola	+ -a
-ês	**o** português	**a** portuguesa	-ês → -esa
-ão	**o** alemão	**a** alemã	去掉 -o

一些名词的阴性形式和阳性形式相同，它们是双性名词，语境重的词性只能通过冠词辨别：

词尾	阳性	阴性
-ista	**o** artista **o** dentista	**a** artista **a** dentista
-ente	**o** doente	**a** doente
-ante	**o** estudante	**a** estudante
其他	**o** colega **o** intérprete	**a** colega **a** intérprete

许多名词（如人、动物、亲属）的阴性形式和阳性形式完全不同：

o homem	男人	**a mulher**	女人
o cavalo	公马	**a égua**	母马

| o pai | 父亲 | a mãe | 母亲 |
| o padrinho | 教父 | a madrinha | 教母 |

有些名词各带阳性词尾 o 和阴性词尾 a，但词义和阴阳性毫无关联：

o fado	命运	a fada	仙女
o banho	洗澡	a banha	（动物的）油脂
o cigarro	香烟	a cigarra	蝉
o pimento	辣椒	a pimenta	胡椒

复数的构成

名词复数通常通过单数加上 s 构成。所有名词的复数都带有 s 词尾！

单数	复数
o mercado a praça	os mercados as praças
o pai	os pais
o céu	os céus

以 r、s 或者 z 结尾的名词变复数，在单数加上 es。

复数	复数
a cor	as cores
o país	os países
o rapaz	os rapazes

多数以 ão 结尾的名词变复数时，把单数词尾的 ão 变为 ões，少数变为 ãos 或者 ães：

单数	复数
o avião	os aviões
o coração	os corações
o irmão	os irmãos
o pão	os pães

其他复数构成形式：

词尾	单数	复数	规则
-ês	o português	os portugueses	-ês → -eses
-al	o jornal	os jornais	-al → -ais
-el（重读）	o hotel	os hotéis	-el → -éis
-el（不重读）	o automóvel	os automóveis	-el → -eis
-il（重读）	o canil	os canis	-il → -is
-il（不重读）	o réptil	os répteis	-il → -eis
-ol	o sol	os sóis	-ol → -óis
-ul	o paul	os pauis	-ul → -uis
-m	o fim	os fins	-m → -ns
-s（不重读）	o atlas	os atlas	不变

▶第 4 章 形容词，第 19 页。

葡萄牙语构词

复合词

葡萄牙语中很少有特别长的单词。原因在于，葡萄牙语一般借助前置词 **de**（可能和冠词缩合）构成词组：

a sopa **de** tomate　　　　　西红柿汤
a previsão **do** tempo　　　　天气预报

指小词和指大词形式

葡萄牙语指大词和指小词的使用比较频繁。

其特殊之处在于，不仅名词有指大词、指小词形式，形容词以及副词也可以添加指大词和指小词后缀！

指小词
指小词不仅表示小化，还表示亲昵、喜爱，甚至怜惜之意。

使用最频繁的小词：

-**inho** (-a)	a mesa o gato	a mes**inha** o gat**inho**	小桌子 小猫
-**zinho** (-a)	a mãe o café	a mãe**zinha** o café**zinho**	妈咪 咖啡

指大词
指大词不仅表示大化，还常常带有贬义！

使用最频繁的大词：

-**ão** (-ona)	o gato o valente a solteira	o gat**ão** o valent**ão** a solteir**ona**	大猫 牛皮大王 老处女
-**rão** (-ona)	a casa	o casa**rão**	大房子

名词的功能

葡萄牙语名词在句中可以做主语、直接宾语、间接宾语或用于所有格。

● 间接宾语用前置词 **a**，所有格用前置词 **de**：

主语 谁? 什么?	**O criado** traz a conta. 服务员拿来了账单。	主语在动词之前
直接宾语 谁? 什么?	O criado traz **a conta**. 服务员拿来了账单。	直接宾语在动词之后
间接宾语 谁?	Dei a carta **ao jornalista**. 我把信给这位记者。	前置词 **a** 在间接宾语之前
所有格 谁的?	Esta é a casa **da minha mãe.** 那是我妈妈的房子。	前置词 **de** 在所有格之前

▶第 2 章 冠词，冠词与前置词的缩合，第 11 页。

O adjectivo – 形容词

形容词词性及其复数的构成

词性

形容词与名词一样，有两种词性：阳性和阴性。其阴性形式的构成大体和阴性名词构成类似。

阳性词尾	阳性	阴性	规则
-o	bonit**o** pequen**o**	bonit**a** pequen**a**	-o → -a
-or **-ol** **-uz** 辅音后的 **-u**	encantad**or** espanh**ol** andal**uz** n**u**	encantad**ora** espanh**ola** andal**uza** n**ua**	+ -a
-ês	portugu**ês**	portugu**esa**	-ês → -esa
-ão	alem**ão**	alem**ã**	去掉 -o
-eu	europ**eu**	europ**eia**	-eu → -eia

特殊情况：

阳性	阴性
bom	**boa**
mau	**má**

一些形容词的阳性与阴性形式相同，它们是双性形容词：

词尾	阳性	阴性
-e	grand**e** verd**e**	grand**e** verd**e**
辅音 （-or, -ol, -ês, -uz 除外）	simples feliz ruim	simples feliz ruim

复数的构成

形容词复数的构成与名词相同，通过添加 **-s** 构成，因此所有形容词的复数都以 **-s** 结尾。

单数	复数
simpático	simpáticos
bonita	bonitas
interessante	interessantes
europeu	europeus
alemã	alemãs
cristão	cristãos

以重读 **-r** 或者 **-z** 结尾的形容词，加 **-es**。

单数	复数
encantador	encantadores
feliz	felizes

许多词尾为 **-ão** 的形容词，复数形式词尾变为 **-ões**，它们属于指大词。少部分以 **-ão** 结尾的词，复数加上 **-s** 或者词尾变为 **-ães**：

单数	复数
grandão	grandões
cristão	cristãos
alemão	alemães

其他复数的构成：

词尾	单数	复数	规则
-ês	português	portugueses	-ês → -eses
-al	natural	naturais	-al → -ais

续表

词尾	单数	复数	规则
-el（重读）	fiel	fiéis	-el → -éis
-el（非重读）	agradável	agradáveis	-el → -eis
-il（重读）	gentil	gentis	-il → -is
-il（非重读）	difícil	difíceis	-il → -eis
-ol	espanhol	espanhóis	-ol → -óis
-ul	azul	azuis	-ul → -uis
-m	bom	bons	-m → -ns
-s（非重读）	simples	simples	不变

▶第 3 章 名词，第 12 页。

形容词和名词的性数一致

形容词修饰名词时，性和数都与名词保持一致。

不论形容词作定语还是表语，都与名词保持性和数的一致。

		阳性	阴性
单数	作定语 作表语	o jardim **bonito** o jardim é **bonito**	a casa **antiga** a casa é **antiga**
复数	作定语 作表语	os jardins **bonitos** os jardins são **bonitos**	as casas **antigas** as casas são **antigas**

如果形容词修饰不同性的多个名词，有以下两种情况：

1.若形容词在名词后，形容词一般使用阳性复数形式：

　　O hotel e a praia eram **esplêndidos**!　酒店与沙滩相映生辉！

2.若形容词在名词前，则与第一个名词保持性数一致：

　　Simpática senhora e senhor!　　　友好的女士和先生！

形容词的位置

后置

葡萄牙语形容词通常放在名词之后，多用来表达客观的论断。

um artista **português**	一位葡萄牙的艺术家
uma cerveja **fresca**	一杯新鲜的啤酒
o céu **azul**	湛蓝的天空

前置

形容词表达主观评价

形容词放在名词之前，用来表达主观评价或论断，例如表达愉快、悲伤或者其他情感：

O meu **querido** cãozinho!	我可爱的小狗！
Excelente tempo!	天气真好！

序数词与 último、meio、muito 和 pouco

序数词与形容词 **último**、**meio**、**muito** 和 **pouco** 总是用于名词之前：

o **primeiro** dia	第一天
meio litro de vinho	半升酒

前置与后置

许多形容词的词义随着形容词位置的变化而变化：

um **velho** amigo	一个认识多年的朋友
um amigo **velho**	一个年迈的朋友
uma **pobre** mulher	一个可怜的女人
uma mulher **pobre**	一个贫穷的女人

形容词的比较级与最高级

葡萄牙语中形容词的比较级和最高级非常简单！

比较级

mais ... (do) que	Os figos são **mais caros (do) que** as maçãs. 无花果比苹果贵。
tão ... como	Os figos são **tão caros como** as cerejas. 无花果和樱桃一样贵。
menos ... (do) que	Os figos são **menos caros (do) que** as uvas. 无花果比葡萄便宜。

在不同级比较中，既可以使用 **do que**，也可以使用 **que**：

Julho é **mais** quente **do que** Junho.
Julho é **mais** quente **que** Junho.　七月比六月热。

Porto tem **menos** habitantes **do que**
Lisboa.
Porto tem **menos** habitantes **que**　波尔图的居民比里斯本少。
Lisboa.

在动词前必须使用 **do que**：

Gosto **mais** de passear **do que** ler.　相比阅读，我更喜欢散步。

数词在 **mais** 或 **menos** 之后，且没有比较的意味，则使用 **de** 而不是 (do) que：

mais de oito horas　　　　　　超过八小时
menos de cinco quilos　　　　少于五千克

相对最高级

| o/a mais ...
os/as mais ... | Este hotel é **o mais moderno**.
这家酒店是最具现代化的。
As cerejas **mais saborosas** são estas.
最美味的樱桃是这些。 |
| o/a menos ...
os/as menos ... | Esta praia é **a menos frequentada**.
这片沙滩人迹最为罕至。
Estes vinhos são **os menos conhecidos**.
这种酒最不为人所知。 |

若冠词已经置于名词之前，后文就不需再重复。

Qual é o vinho mais conhecido de Portugal?　葡萄牙最出名的酒是哪种?

Os animais mais inteligentes são os golfinhos.　海豚是最聪明的动物。

绝对最高级

形容词的绝对最高级描述极致状态，大大强化形容词的意义，词尾 **-íssimo** 最常用:

原级	绝对最高级
lindo	Uma paisagem lindíssima! 极其美丽的风景!
caro	O bacalhau é caríssimo. 鳕鱼极其贵!

特殊的形容词比较级与最高级形式

原级	比较级	最高级	
		相对	绝对
bom 好的	**melhor**	**o melhor**	**ó(p)timo**
mau 差的，坏的	**pior**	**o pior**	**péssimo**
grande 大的	**maior**	**o maior**	**máximo** **grandíssimo**
pequeno 小的	**menor** **mais pequeno**	**o menor** **o mais pequeno**	**mínimo** **pequeníssimo**

在葡萄牙，**pequeno** 的比较级形式多为 **mais pequeno**，在巴西则是 **menor**。

形容词的比较级和最高级也要和所修饰的名词保持性数一致。

O advérbio - 副词

副词可以修饰动词、形容词和其他副词。与形容词不同，副词没有词形变化。

副词的形式

原始副词

不是从形容词派生而来的副词被称作原始副词：

A minha casa é **aqui**.	我的房子在这里。
A festa começa **agora**.	派对现在开始。
Nós chegámos **tarde**.	我们到得晚。
Ele come **pouco**.	他吃很少。
Por favor, fale **devagar**!	请您说慢一点！

特殊情况

形容词		动词
阳性	阴性	
bom	boa	**bem**
mau / ruim	má / ruim	**mal**

派生副词

由形容词派生而来的副词就被称为派生副词。其构成方式是在形容词阴性形式后添加词尾 **-mente** ，大多数副词都是这样构成。

在这类副词中，重音转移到了后缀 **-mente** 的第一个音节上，重音符号也随之消失（除了鼻音符号 **-ã**）：

óbvio / **ób**via	→	obvia**men**te
rápido / **rá**pida	→	rapida**men**te
cris**tão** / cris**tã**	→	cristã**men**te

▶第1章 重音，第7页。

1. 以 **-o** 结尾的阳性形容词和以 **-a** 结尾的阴性形容词，在阴性形容词后加 **-mente** 构成副词：

形容词		副词
阳性	阴性	
certo	certa	cert**amente**
claro	clara	clar**amente**
sério	séria	seri**amente**

2. 阴性和阳性相同的形容词，即双性形容词，副词形式在词尾加上 **-mente**：

形容词		副词
阳性	阴性	
pobre	pobre	pobre**mente**
feliz	feliz	feliz**mente**
fácil	fácil	facil**mente**

3. 以 **-ês** 结尾的阳性形容词，在词尾直接加上 **-mente** 构成副词。这种情况很少见。

形容词		副词
阳性	阴性	
português	portuguesa	portugues**mente**
cortês	cortesa	cortes**mente**

4. 句子中两个或多个副词连用，只需在最后一个副词后加上 **-mente**：

Ele viajou **cómoda e rapidamente**.　　他的旅行舒服又快捷。

Dormi **longa e profundamente**.　　我睡得又久又好。

形容词作副词

形容词的阳性单数形式有时可用作副词：

falar/ler **alto**	大声说话 / 朗读	
falar/ler **baixo**	轻声说话 / 朗读	

comprar/vender **caro**	买 / 卖得贵	
comprar/vender **barato**	买 / 卖得便宜	

Fala **alto**, por favor! 请说大声一点！
Esta perfumaria vende tudo **caro**. 这家化妆品店的所有东西都卖得贵。

副词短语

葡萄牙语中，某些短语由前置词加形容词或名词组成，表达副词的含义，比如：

em vão	徒劳地	**muitas vezes**	经常
por acaso	偶然地	**ao pé**	在附近
de cor	凭记忆地	**de todo**	完全地
à vontade	任意地	**pelo menos**	至少
de repente	突然地	**sem dúvida**	无疑地
por enquanto	暂时地	**nem mesmo**	甚至不

副词的含义

原始副词以及派生副词（包括副词短语）可以根据其含义划分成不同的类别。下列表格按照词义分类，列出了一些常见的副词：

方式和方法

这一类副词以派生副词居多，但也有一些原始副词。

bem	好地	**mal**	差地
depressa	快地	**devagar**	慢地
aliás	另外	**assim**	如此

até	甚至	em geral	一般情况下
claramente	清楚地	infelizmente	不幸，不巧
dire(c)tamente	直接地	agradavelmente	愉快地

时间

hoje	今天	amanhã	明天
ontem	昨天	agora	现在
cedo	早	tarde	晚，迟
ainda	还，尚	às vezes	有时
antigamente	从前	ultimamente	最近

地点

aqui	这里	ali	那里
perto	近	longe	远
dentro	在……之内	fora	在……之外
para trás	向后	em frente	在……对面

数量

muito	很，很多	pouco	少
mais	更多	menos	更少
bastante	足够，相当	apenas	仅仅，只
ao todo	总共	pelo menos	至少
somente	单独	suficientemente	足够，充分

肯定

sim	是	**também**	也
decerto	当然，一定	**realmente**	真实，确实
pois	就是	**possivelmente**	可能

否定

não	不	**nunca**	从不
nunca mais	不再	**nem**	甚至不
nem tudo	不全是	**de modo algum**	决不

副词的比较级与最高级

许多方式副词和部分时间、地点和数量副词可以变为比较级与最高级。

副词的比较级与最高级构成与形容词类似。

原级	Ela acorda **cedo**. 她醒得早。
比较级	Ela acorda **mais cedo do que** eu. 她比我醒得早。 Ela acorda **tão cedo como** tu. 她和你醒得一样早。 Ela acorda **menos cedo do que** o galo. 她比公鸡醒得晚。
相对最高级	Ela acorda **o mais cedo** que pode. 她尽量早醒。
绝对最高级	Ela acorda **cedíssimo**! 她醒得极其早！

特殊的副词比较级与最高级形式

原级	bem	mal
比较级	melhor	pior
相对最高级	o melhor	o pior
绝对最高级	o(p)timamente	pessimamente

O meu amigo fala **o(p)timamente** portuguès.　我的朋友葡萄牙语说得极其好。

Ele escreve **melhor** do que ela.　他比她写得好。

▶第 4 章 形容词的比较级与最高级，第 22 页。

Os numerais e indicação de tempo – 数词及时间的表达

基数词

0	zero	40	quarenta
1	um, uma	50	cinquenta
2	dois, duas	60	sessenta
3	três	70	setenta
4	quatro	80	oitenta
5	cinco	90	noventa
6	seis	100	cem
7	sete	101	cento e um/uma
8	oito	102	cento e dois/duas
9	nove	103	cento e três
10	dez	110	cento e dez
11	onze	145	cento e quarenta e cinco
12	doze	200	duzentos, -as
13	treze	201	duzentos, -as e um/uma
14	catorze	202	duzentos/-as e dois/duas
15	quinze	215	duzentos/-as e quinze
16	dezasseis	300	trezentos, -as
17	dezassete	400	quatrocentos, -as
18	dezoito	500	quinhentos, -as
19	dezanove	600	seiscentos, -as
20	vinte	700	setecentos, -as

21	vinte e um/uma	800	oitocentos, -as
22	vinte e dois/duas	900	novecentos, -as
23	vinte e três	1000	mil
24	vinte e quatro	1001	mil e uma/uma
25	vinte e cinco	1913	mil novecentos e treze
26	vinte e seis	2000	dois mil
27	vinte e sete	2004	dois mil e quatro
28	vinte e oito	10 000	dez mil
29	vinte e nove	100 000	cem mil
30	trinta	1 000 000	um milhão
31	trinta e um/uma	2 000 000	dois milhões
32	trinta e dois/duas	1 000 000 000 000	um bilião
33	trinta e três	2 000 000 000 000	dois biliões

1. 数词基本上是阳性的：**o** zero, **o** quatro。 数数的时候也用阳性形式： **um**、**dois**、**três** ……

2. 数字 1 和 2 以及 200 至 900 之间的百位数既有阳性，又有阴性形式：

um senhor   **uma** senhora
dois amigos   **duas** amigas
quinhent**os** livros   duzent**as** e cinco praias

 在巴西，电话号码中的 6 用 **meia** 代替 **seis**。

3. 以 -a 结尾的十位数数词不是阴性，它们没有词性的变化：

trinta quilos, **noventa** pessoas

4. 单独说数字 100 读作 **cem**：

cem casas， **cem** mil，

但是 101-199 的百位读作 **cento**，如：**cento** e cinquenta carros

5. **mil** 没有单复数变化：cinco **mil**

6. 对于年份这样的数字，如 1999，只能读作 **mil novecentos e noventa e nove**，和英语拆分成两个两位数的读法不同。

序数词

1.°	primeiro/-a	17.°	décimo/-a sétimo/-a
2.°	segundo/-a	18.°	décimo/-a oitavo/-a
3.°	terceiro/-a	19.°	décimo/-a nono/-a
4.°	quarto/-a	20.°	vigésimo/-a
5.°	quinto/-a	21.°	vigésimo/-a primeiro/-a
6.°	sexto/-a	22.°	vigésimo/-a segundo/-a
7.°	sétimo/-a	23.°	vigésimo/-a terceiro/-a
8.°	oitavo/-a	30.°	trigésimo/-a
9.°	nono/-a	40.°	quadragésimo/-a
10.°	décimo/-a	50.°	quinquagésimo/-a
11.°	décimo/-a primeiro/-a	60.°	sexagésimo/-a
12.°	décimo/-a segundo/-a	70.°	septuagésimo/-a
13.°	décimo/-a terceiro/-a	80.°	octogésimo/-a
14.°	décimo/-a quarto/-a	90.°	nonagésimo/-a
15.°	décimo/-a quinto/-a	100.°	centésimo/-a
16.°	décimo/-a sexto/-a	1000.°	milésimo/-a

1. 序数词与形容词一样，性数与名词保持一致：

o primeir**o** ano　　　　第一年
a segund**a** classe　　　　二年级

2. 阿拉伯数字后加点在英语中表示序数词，但在葡萄牙语中，还要根据词性在点后再加上上标的 º 或 ª，用以说明用作形容词的数词的词尾：

Moro **no 1.º** andar.　　　　我住在第一层。

a 2.ª casa à esquerda　　　左边第二间房子

3.葡萄牙语序数词的使用频率不如英语，下列情形不用序数词：

日期：

o **25** de Abril　　　　　四月二十五日

"每 + 数字"的表达：

de **dois em dois** anos　　　每隔两年

日期的表达

你肯定发现了，序数词并没有那么简单！好在葡萄牙语中日期不用序数词，而是用基数词来表达，在日期之前使用前置词 **a** 或者 **em**。

Hoje é o dia **trinta** de Abril.　今天是四月三十日。

Vou de férias **a cinco** de Agosto. 我八月五日去度假。

O casamento é **em doze** de Junho.　　　　　　　婚礼定在六月十二日。

但是：

每个月的第一天可以使用序数词：

o **primeiro** de Janeiro　　　一月一日

a festa do **primeiro** de Maio　五一劳动节

时间的表达

要理解葡萄牙语的时间表达方式，必须知道葡萄牙中 **a hora** 有"小时"和"钟点"两个意思。这个词属于阴性，其复数形式按惯例变为 **as horas**。

非正式的时间表达

01:00/13:00	É uma (hora).
02:00/14:00	São duas (horas).
03:00/15:00	São três (horas).
03:05/15:05	São três (horas) **e cinco**
03:15/15:15	São três (horas) **e um quarto**.

03:25/15:25	São três (horas) **e vinte e cinco**.
03:30/15:30	São três (horas) **e meia**.
03:40/15:40	São quatro (horas) **menos vinte**.
03:45/15:45	São quatro (horas) **menos um quarto**.
12:00	**É meio-dia**.
12:30	**É meio-dia e meia**.
24:00	**É meia-noite**.

如果从数字上看不出时间是上午还是下午，可以加上 **da manhã**（上午）或者 **da tarde/da noite**（下午 / 晚上）：

O curso é às **sete da manhã**.   此课程早上七点开始。
O avião chega às **seis da tarde**.   这班飞机晚上六点到达。

正式的时间表达

正式的时间表达一般出现在广播、电视以及飞机场等地方，分钟跟在准点后面，即"……点……分"。"一刻钟"和"半小时"同样用基数词表达。

01:00	É uma hora.
02:10	São duas horas e **dez**.
12:00	São **doze** horas.
12:25	São **doze** horas e **vinte e cinco** minutos.
15:15	São **quinze** horas e **quinze** minutos.
18:30	São **dezoito** horas e **trinta** minutos.
20:45	São **vinte** horas e **quarenta e cinco** minutos.
22:50	São **vinte e duas** horas e **cinquenta** minutos.
24:00	São **vinte e quatro** horas.

Os pronomes - 代词

人称代词

人称代词并不简单，它的形式、细分程度有时真的让人头疼。

主格人称代词
主格人称代词的形式

单数	第一人称	**eu**	我	
	第二人称	**tu**	你	
		você	您	称呼
	第三人称	**ele**	他	
		ela	她	
复数	第一人称	**nós**	我们	
	第二人称	**(vós)**	您们	过时形式
		vocês	你们	**vós** 的替代形式
	第三人称	**eles**	他们	阳性
		elas	她们	阴性

主格人称代词的使用

1. 第二人称复数形式 **vós** 在现代葡萄牙语中基本不再使用，因此在动词一章中不再提及，取而代之的是 **vocês**，意为"你们"。注意，其对应的动词形式为第三人称复数！

   Vocês são de Lisboa?　　　你们是里斯本人吗?

   如果想表达"您们"，则使用 **os senhores** 或者 **as senhoras** 这两种称呼。这里的动词形式依然是第三人称复数。

   As senhoras são de Lisboa?　女士您们是里斯本人吗?

   ▶第 8 章 动词：时态，第 52 页。

2. 在欧洲葡萄牙语中，**você** 作为"您"的非正式或者说不太正式的称呼使用。注意，其对应的动词形式为第三人称单数！

   Você trabalha aqui?　　　　您在这里工作吗?

   在正式交际场合，使用 **o senhor** 或者 **a senhora**，动词形

式仍使用第三人称单数。

O senhor fez reserva de mesa? 先生您预定了餐位吗?

▶第 13 章 巴西葡萄牙语,第 109 页。

3.葡萄牙语第三人称复数划分为阳性或男女混合群体(**eles**)
以及阴性群体(**elas**)。

Elas gostam de dançar, **eles** não.	她们喜欢跳舞,他们不喜欢。
Elas chegaram mais tarde do que **eles**.	她们比他们到得晚。

4.若能通过动词形式辨别人称,主格人称代词通常省略。若
不能辨别,则不能省略人称代词,以免出现误解。

Moro no Porto.	(我)住在波尔图。
Vamos à praia?	(我们)去沙滩吧?
Ela comprou o jornal.	她买了报纸。
Ele comprou uma revista.	他买了一本杂志。

宾格人称代词

宾格人称代词的形式

	人称		直接宾语	间接宾语
单数	第一人称	eu	**me**	**me**
	第二人称	tu	**te**	**te**
		você	**o/a**	**lhe**
	第三人称	ele	**o**	**lhe**
		ela	**a**	**lhe**
复数	第一人称	nós	**nos**	**nos**
	第二人称	(vós)	**(vos)**	**(vos)**
		vocês	**vos**	**vos**
	第三人称	os/as senhores/-as	**os/as**	**lhes**
		eles	**os**	**lhes**
		elas	**as**	**lhes**

宾格人称代词的使用

宾格人称代词只和支配直接宾语或间接宾语的动词连用,在
直接宾格人称代词和间接宾格人称代词前不能加前置词。

● 直接宾语：

Eu cumprimentei **o Pedro**.	我问候了佩德罗。
Eu cumprimentei-**o**.	我问候了他。
Ela conhece-**me** bem.	她很了解我。
Tu convidaste-**os**?	你邀请了他们吗？

● 间接宾语：

Eu dei um presente **à Joana**.	我送给若安娜一份礼物。
Eu dei-**lhe** um presente.	我送给她一份礼物。
Ele ofereceu-**me** flores.	他送我花。
Ela contou-**lhes** uma anedota.	她给他们讲了个笑话。

宾格人称代词的位置

后置：

欧洲葡萄牙语的人称代词置于动词之后，并加上连字符与之连接。

Emprestas-**lhe** a caneta?	你借他（她）钢笔吗？
Parece-**me** que vai chover.	似乎要下雨了。
Eu escrevi-**te** um postal.	我给你写了一张明信片。

前置：

下列情况中，代词置于动词前，且不加连字符：

1.有疑问代词的问句：

| **Quando te** dei a chave? | 我什么时候给了你钥匙？ |
| **Como nos** viu? | 您是怎么看到我们的？ |

2.在动词否定形式中或有否定词如 **nunca**、**nada**、**ninguém**：

| **Não a** conheço. | 我不认识她。 |
| O senhor **nunca nos** visita. | 您从来不来看我们。 |

3.在从句中：

| Era bom **se ele me** telefonasse. | 要是他给我打电话就好了。 |
| Creio **que as** conheço. | 我想我认识她们。 |

4. 宾格人称代词出现在 **bem**、**mal**、**ainda**、**já**、**sempre**、**quase**、**só**、**talvez**、**também** 等副词之后：

| **Talvez vos** convide para jantar. | 我可能会请你们吃晚饭。 |

Você **já o** conhece?　　　　您已经认识他了？

5. 宾格人称代词出现在 **todo/-a**、**todos/-as**、**tudo**、**alguém**、**outro**、**qualquer** 等不定代词之后：

Todos me cumprimentaram.　所有人都跟我打了招呼。
Alguém nos viu?　　　　　有人看见我们了吗？

▶第 13 章 巴西葡萄牙语，第 109 页。

后置直接宾格代词的变化规则

第三人称直接宾格人称代词出现在以 **-r, -s** 和 **-z** 结尾的动词之后，

去掉动词词尾辅音，并将 **o**、**a**、**os**、**as** 变成 **-lo**、**-la**、**-los**、**-las**。

词尾为 **-ar** 或 **-er** 的不定式以及词尾为 **-az** 或 **-ez** 的动词，还要在

最后一个元音上标注重音：

词尾		变为
-r	+ o(s) / + a(s)	**-lo(s) / -la(s)**
-ar		**-á-lo(s) / -á-la(s)**
-er		**-ê-lo(s) / -ê-la(s)**
-s		**-lo(s) / -la(s)**
-z		**-lo(s) / -la(s)**
-az		**-á-lo(s) / -á-la(s)**
-ez		**-ê-lo(s) / -ê-la(s**

Tenho que abri**r** as janelas　　我必须打开窗。
Tenho que abri-**las**.　　　　　我必须打开它。
Vais compra**r** o bilhete.　　　你会买票。
Vais comprá-**lo**.　　　　　　　你会买它。
Nós abrimo**s** a porta.　　　　我们打开了门。
Nós abrimo-**la**.　　　　　　　我们打开了它。
Ele fe**z** os trabalhos de casa.　他完成了家庭作业。
Ele fê-**los**.　　　　　　　　　他完成了它。

第三人称直接宾格人称代词出现在以鼻音（**-m**、**-ão**、**-õe**）

结尾的动词

之后，**o**、**a**、**os**、**as** 变成 **-no**、**-na**、**-nos**、**-nas**，不去掉其他字母。

词尾		变为
-am	+ o(s) / + a(s)	**-am-no(s)** / **-am-na(s)**
-em		**-em-no(s)** / **-em-na(s)**
-õem		**-õem-no(s)** / **-õem-na(s)**
-ão		**-ão-no(s)** / **-ão-na(s)**
-õe		**-õe-no(s)** / **-õe-na(s)**

Eles comp**ram** o bilhete.	他们买票。
Eles compram-**no**.	他们买它。
Elas abr**em** as portas.	她们打开门。
Elas abrem-**nas**.	她们打开它。
Ele p**õe** o carro na garagem.	他把车停在车库。
Ele põe-**no** na garagem.	他把它停在车库。

两个宾格代词的连写

如果句子中同时出现间接宾格代词和直接宾格代词，间接宾格代词在前，直接宾格代词在后，且两个代词需要连写在一起。

间接宾语	直接宾语	变为	直接宾语	变为
me	+ o / + a	**mo / ma**	+ os / + as	**mos / mas**
te		**to / ta**		**tos / tas**
lhe		**lho / lha**		**lhos / lhas**
nos		**no-lo / no-la**		**no-los / no-las**
vos		**vo-lo / vo-la**		**vo-los / vo-las**
lhes		**lho / lha**		**lhos / lhas**

人称代词的连写并不影响其在句中的位置。

Escreve-me a carta.	给我写信。
Escreve-**ma**.	给我写它（信）。

Quando me mandou o postal?	您什么时候给我寄的明信片？
Quando **mo** mandou?	您什么时候给我寄的它？
Vendeste-lhe o carro?	你把车卖给他（她）了吗？
Vendeste-**lho**?	你把它卖给他（她）了吗？
Dá-lhes o livro.	把书给他们。
Dá-**lho**.	把它给他们。

事实上，lhe + o(s)/a(s) 的连写与 lhes + o(s)/a(s) 的连写得到的结果都一样，即：**lho**、**lhos**、**lha**、**lhas**。 词尾由直接宾格代词的性数形式决定。

巴西葡萄牙语不使用间接宾格和直接宾格代词的连写形式。

Quando você **me** mandou o postal?	你什么时候给我寄的明信片？
Quando você **o** mandou para **mim**?	你什么时候把它寄给我的？

前置词后的人称代词

	人称		用于前置词后	用于前置词 com 后可能缩合
单数	第一人称	eu	**mim**	**comigo**
	第二人称	tu	**ti**	**contigo**
		você	**si/você**	**consigo/com**
	第三人称	ele	**ele**	**você com ele**
		ela	**ela**	**com ela**
复数	第一人称	nós	**nós**	**con(n)osco**
	第二人称	(vós)	**(vós)**	**convosco**
		vocês	**vocês**	**convosco/com vocês**
	第三人称	eles	**eles**	**com eles**
		elas	**elas**	**com elas**

这类代词属于重读宾格人称代词，用于前置词之后：

Penso **em ti** todos os dias.	我每天都想你。
Hoje não posso ir **convosco**.	我今天不能跟你们一起走了。
Isto é **para vocês**.	这是给你们的。
Precisas **de mim**?	你需要我吗？
Vocês esperam **por ele**?	你们在等他吗？

• • • • 🛈 代词 **si** 有两种用法：

- 在反身意义中：

  Ela gosta de falar de **si**.　　她喜欢谈论自己。

- 正式与非正式地称呼"您"时：

  Tenho uma informação para 　我有一条消息给您。
  si.（或者 para o senhor,
  para a senhora，para você）

• • • • 🌐 巴西葡萄牙语不使用代词 **si**。

  Tenho uma informação para o 　我有一条消息给先生您。
  senhor.

• • • • 🛈 前置词 **de** 和 **em** 与其后连接的人称代词 **ele/ela**、**eles/elas** 分别缩合成 **dele/dela**、**deles/delas** 和 **nele/nela, neles/nelas**。

  Ainda ontem falámos **dela**.　　我们昨天还说起她呢。
  Tu pensas **nele**?　　　　　　你想他吗?

反身代词

反身代词的形式

反身代词只有一种形式和直接宾格人称代词不同：**se**，其他形式与直接宾格人称代词相同。

人称			反身代词	lavar-se（洗）
单数	第一人称	eu	**me**	**lavo-me**
	第二人称	tu	**te**	**lavas-te**
		você	**se**	**lava-se**
	第三人称	ele	**se**	**lava-se**
		ela	**se**	**lava-se**
复数	第一人称	nós	**nos**	**lavamo-nos**
	第二人称	(vós)	**(vos)**	**(lavais-vos)**
		vocês	**se**	**lavam-se**
	第三人称	eles	**se**	**lavam-se**
		elas	**se**	**lavam-se**

在动词第一人称复数形式中，其动词变位词尾 **-s** 在反身代词 **nos** 前要去掉，否则就很难发音。动词第二人称复数形式 **vós lavais-vos** 在现代葡萄牙语中几乎不用，将不会出现在本书第八、九章节中，取而代之的是 **vocês lavam-se**。

反身代词的位置

反身代词在句中的位置和宾格代词相同。

Ontem deitámo-**nos** muito tarde.	昨天我们很晚才上床睡觉。
Levantas-**te** sempre às cinco?	你总是五点就起床吗?
Como se chama?	您叫什么名字?
Ele **não se** lembra de mim.	他记不起我了。
É preciso **que te** levantes cedo.	你必须早起。
Vocês **já se** vestiram?	你们已经穿好了吗?
Ambos se esqueceram da chave.	两人都忘了带钥匙。

▶第 7 章 宾格人称代词的位置，第 38 页。

一些动词在葡萄牙语中是反身动词。例如:

只在葡萄牙语中为反身动词，在英语中则不是:	
chamar-**se**	名叫
levantar-**se**	起床
esquecer-**se**	忘记

带有 se 的不确定主语

葡萄牙语中，当主语不指明某个具体的人，而是泛指某人或某些人，即不确定主语，可以通过以下方式表达:

● 动词第三人称单数或复数变位带 **se** 来表达。

直接宾语是单数或动词后面没有名词作为宾语，动词使用第三人称单数变位:

Fala-se chino.	人们说汉语。
Na tua casa **come-se** bem!	在你家就吃得好。

直接宾语为复数，动词使用第三人称复数变位:

Desta janela **vêem-se** os **navios** no porto.	从这扇窗望出去可以看到港口的船只。
Na Europa **falam-se** muitas **línguas**.	在欧洲，人们使用的语言很多。

- 动词第三人称复数且不带反身代词 **se**，表示讲话者对所说内容无法确定，动词一般为 **dizer**（说），**afirmar**（确认）等等：

Dizem que vai chover.	据说要下雨了。
Afirmam que não há bilhetes.	据确认没有票了。

- 动词第一人称复数，表示讲话者确定所说内容，：

Quase não podemos acreditar nisso!	我们几乎无法相信！
Devemos sempre tomar atenção aos carros!	我们应该时刻留意车辆！

▶第 9 章，被动语态，第 84 页。

物主代词

物主代词的形式

所有物	单数		复数	
所有者	阳性	阴性	阳性	阴性
eu	**meu**	**minha**	**meus**	**minhas**
tu	**teu**	**tua**	**teus**	**tuas**
você	**seu**	**sua**	**seus**	**suas**
ele	**seu (dele)**	**sua (dele)**	**seus (dele)**	**suas (dele)**
ela	**seu (dela)**	**sua (dela)**	**seus (dela)**	**suas (dela)**
nós	**nosso**	**nossa**	**nossos**	**nossas**
(vós)	**vosso**	**vossa**	**vossos**	**vossas**
vocês	**seu**	**sua**	**seus**	**suas**

续表

| 所有物 | 单数 | | 复数 | |
所有者	阳性	阴性	阳性	阴性
eles	seu (deles)	sua (deles)	seus (deles)	suas (deles)
elas	seu (delas)	sua (delas)	seus (delas)	suas (delas)

葡萄牙语的物主代词和所修饰的所属物保存性数一致:

A **minha mala** é pesada.　　　我的箱子重。
Onde está o **meu casaco**?　　我的外套在哪里?
O **nosso hotel** é bom.　　　　我们的酒店不错。
As **suas primas** chegaram.　　他的表姐妹们到了。

尽管 **vós** 在现代葡萄牙语中几乎不再使用,但在欧洲葡萄牙语中还是会使用其物主代词 **vosso, vossa, vossos, vossas**:

Onde estão **os vossos** livros?　　你们的书在哪里?

在巴西不使用 **vosso, vossa, vossos, vossas**,而是使用 **seu, sua, seus, suas de vocês**:

Este livro é **de vocês**?　　　这是你们的书吗?

物主代词的用法

在欧洲葡萄牙语中,物主代词一般带有相应的定冠词:

A minha casa é grande.　　　我们的房子很大。
O meu cão é preto e branco.　我的狗是黑白相间的。
Pagaste **a nossa** conta?　　　你已经付过我们的账了吗?

但也有一些例外,比如在称呼中:

Bom dia, **minha senhora**!　　早上好,我的女士!
Que bom ver-te, **meu querido**!　见到你真好啊,我亲爱的!

seu, sua, seus, suas 不仅在称呼对方时使用,在涉及第三人称时也会使用。为避免误解,分清到底是"他的、她的、他们的、她们的"还是"您的",在涉及第三人称时最好使用缩合形式 **dele, dela, deles, delas**。

O seu irmão vive no Porto?	您哥哥住在波尔图吗?
A sua profissão é interessante.	他的 / 她的他们的 / 她们的 / 您的职业很有趣。
A profissão **dele** é interessante.	他的职业很有趣。
Qual é **o seu** carro?	哪辆车是他的 / 她的 / 他们的 / 她们的 / 您的?
Qual é **o** carro **delas**?	哪辆车是她们的?
Esta é **a sua** casa.	这是他的 / 她的 / 他们的 / 她们的 / 您的房子。
Esta é **a** casa **deles**.	这是他们的房子。

指示代词

指示代词用于指代人或物,葡萄牙语根据指代的人或物与说话人之间的距离,将指示代词分成三种情况。

另外,指示代词还分为变化型和非变化型。

指示代词的形式

变化型				非变化型
单数		复数		
阳性	阴性	阳性	阴性	
este	esta	estes	estas	isto
esse	essa	esses	essas	isso
aquele	aquela	aqueles	aquelas	aquilo

指示代词与前置词的缩合

下列前置词与它后面的指示代词要缩合:

	neste	nesta	nestes	nestas	nisto
em	nesse	nessa	nesses	nessas	nisso
	naquele	naquela	naqueles	naquelas	naquilo

de	deste	desta	destes	destas	disto
	desse	dessa	desses	dessas	disso
	daquele	daquela	daqueles	daquelas	daquilo
a	àquele	àquela	àqueles	àquelas	àquilo

指示代词的用法

三分法

英语中的指示代词分为"这个"和"那个"，葡萄牙语的指示代词则分为三种情况：

1. **este**：指代的人或物离说话人近，可与地点副词 **aqui**（这里）搭配。

   Este vinho é excelente!　　这种酒很棒！

2. **esse**：指代的人或物离听话人近，离说话人远，可与地点副词 **aí**（那里）搭配。

   Essas flores são tuas?　　你身旁那些花是你的吗？

3. **aquele**：指代的人或物离说话人和听话人都远，可与地点副词 **ali**（那边）搭配。

   Aquela piscina é formidável!　那个游泳池太棒了！

形容词性与名词性指示代词的使用

1. 一般情况下，变化型指示代词作为形容词使用，因此它与名词保持性数一致。

   Este telefone está avariado.　　这台电话坏了。

2. 非变化型指示代词作为名词使用，因此不修饰其它成分。

   Não come **isso**?　　　　您不吃那个？
   O que é **isto**?　　　　这是什么？

关系代词

关系代词的形式

que	这个，这些，那个，那些	非变化型，使用最为频繁的关系代词
o/a qual **os/as quais**	这个，那个 这些，那些	多用于书面语
quem	谁	非变化型，只能指人
cujo/-a **cujos/-as**	谁的	表所属关系， 仅用于书面语
quanto/-a **quantos/-as**	多少	仅用于特定表达

关系代词的用法

1. **que** 不变化，指人或物，可做主语和宾语，前面可加前置词。

A pessoa **que** telefonou não deixou recado.	打电话来的人没有留下口信。
O livro **que** comprei foi muito caro.	我买的那本书非常贵。
O aluno **de que** falas não passou no exame.	你说的那个学生没有通过考试。

2. **o/a qual, os/as quais** 指人或物，与先行词保持性数一致。多用于排除歧义，尤其是关系代词与先行词相隔较远。

O irmão da minha amiga, o qual me convidou para jantar, é muito simpático.	我（女性）朋友的兄弟邀我吃晚饭，他人很好。

如果此处用 **que**，就不知道指的是 **irmão** 还是 **amiga**！

在口语中，**o/a qual, os/as quais** 与前置词连用。

Esqueci-me do cartão **sem o qual** não posso levantar dinheiro.　我忘记带卡了，没有它就取不了钱。

Este instituto tem 50 empregados, 20 **dos quais** são doutorados.　这家研究所共有 50 名员工，其中 20 人是博士。

3. **quem** 不变化，仅指人。作为关系代词，它多用于书面语，且多用于前置词之后。

Conheço o professor **com quem** falaste.　我认识和你交谈的那位老师。

Quem corre por gosto não cansa.　乐此不疲。（谚语）

4. **cujo/-a, cujos/-as** 仅用于书面语，指人或物，表达所属关系，和所修饰的名词保持性数一致。

Este é o escritor, **cuja** obra é tão conhecida.　就是这位作者，他的作品很出名。

O cirurgião, **em cuja** competên- cia todos confiam, vai operar o presidente.　为主席做手术的这名外科医生，所有人都信赖他的医术。

5. 作为关系代词，**quanto/-a, quantos/-as** 一般只与 **tudo, todo/-a, todos/-as** 连用。

Eu dei-lhe **tudo quanto** tinha.　我把所拥有的一切都给了他。

疑问代词

疑问代词引导直接和间接疑问句，也可以作为关系代词使用。

quem 谁 指谁		
	Quem fala?	您是哪位？
	Quem encontraste?	你遇到谁了？
	A quem escreve?	您写信给谁？
	De quem estão a falar?	你们说的是谁？

(o) que 什么	(O) que está a fazer?	您在做什么？
qual/quais 哪个，哪些	Qual é o seu hotel? Quais livros compras?	您的酒店是哪一家？ 你买了哪些书？
quanto 多少 + 动词 quanto/-a quantos/-as 多少 + 名词	Quanto custa isto? Quanta fruta compras? Quantas malas tens?	这多少钱？ 你买了多少水果？ 你有多少箱子？
onde 哪里	Onde é o correio?	邮局在哪里？
donde 从哪里	Donde vem a senhora?	女士您从哪里来？
aonde 去哪里	Aonde vamos?	我们去哪里？
como 如何，怎样	Como se chama?	您叫什么名字？
porque 为什么	Porque vens tarde?	你为什么迟到？
quando 何时	Quando chegas?	你什么时候到？

▶第 7 章 关系代词，第 48 页。

▶第 12 章 疑问句，第 103 页。

不定代词

不定代词表示不定数量的人和物等。分为变化型和非变化型不定代词。

变化型不定代词主要有：

muito/-a, muitos/-as	很多
pouco/-a, poucos/-as	少数，几个
todo/-a, todos/-as	全部，所有
outro/-a, outros/-as	其他

tanto/-a, tantos/-as	如此多
algum/a, alguns/algumas	某个，某些
nenhum/a, nenhuns/nenhumas	没有一个
ambos/-as	二者，两个
vários/-as	多个

Ele come **muita** fruta. 他吃很多水果。
Temos **poucos** amigos. 我们的朋友不多。
Tomam mais **alguma** coisa? 您还要喝点什么吗？
Há **várias** opiniões. 有多个意见。

❶ 若 **todo/-a, todos/-as** 和 **ambos/-as** 位于名词之前，名词要加上相应的定冠词：

Todas as crianças brincam. 所有孩子都在玩。
Ambos os hotéis são excelentes. 两家酒店都很好。

非变化型不定代词主要有：

tudo	所有
nada	没有任何
alguém	某人
ninguém	无人
cada	每个
mais	更多
menos	更少

Ela já preparou **tudo**. 她把一切都准备好了。
Ninguém telefonou. 没有人打来电话。
Cada cor, seu paladar! 每种颜色都有自己的味道！

▶使用 **nenhum/a, nenhuns/nenhumas, nada** 和 **ninguém** 进行双重否定

见本书第 14 章，否定，第 119 页。

8

O verbo: os tempos – 动词：时态

本章讲解陈述式各时态。条件式、命令式和虚拟式详见第 9 章。

规则动词

葡萄牙语动词根据不定式词尾分为三种变位：

- 第一变位：动词以 **-ar** 结尾。大多数动词都属于这种情况。所有新产生的动词也都以 **-ar** 结尾。
- 第二变位：动词以 **-er** 结尾。也有很多动词属于第二变位。
- 第三变位：动词以 **-ir** 结尾。这类变位的动词很少。

只要知道规则动词属于哪一种，便知晓其变位形式。

不规则动词

除了规则动词，也有一定数量的不规则动词。不规则动词陈述式现在时变位不规则，但有的在其他时态和语式中变位也不规则。下面举几个不规则动词陈述式现在时的例子：

	不定式	第一人称单数	
-e- → -i-	sentir	sinto	感觉
-o- → -u-	dormir	durmo	睡觉
-v- → -ç-	ouvir	ouço	听
-d- → -ç-	pedir	peço	请求
-z- → -ç-	fazer	faço	做

▶本书附录从 127 页开始是主要不规则动词变位表。

正字法变化

除了上述的不规则动词变位变化，还有的动词变位时要发生正字法的变化，其目的在于让动词的主干在变位后读音不发生变化。

动词词干结尾为：	不定式	变为	
-c- 在 **-e-** 之前→ **-qu-**	ficar	fiquei	留在
-g- 在之 **-e-** 前→ **-gu-**	pagar	paguei	支付
-ç- 在 **-e-** 之前→ **-c-**	dançar	dancei	跳舞
-c- 在 **-a-** 和 **-o-** 之前→ **-ç-**	conhecer	conheço	认识
-ge- 在 **-a-** 和 **-o-** 之前→ **-j-**	proteger	protejo	保护
-gi- 在 **-a-** 和 **-o-** 之前→ **-j-**	corrigir	corrijo	改正
-gu- 在 **-a-** 和 **-o-** 之前→ **-g-**	extinguir	extingo	扑灭
-qu- 在 **-a-** 和 **-o-** 之前→ **-c-**	extorquir	extorco	抢劫

助动词

葡萄牙语中重要的助动词有：**ter**，**haver**，**ser**，**estar** 和 **ir**。

它们也可以作为实义动词或系动词使用。

ter（有）

在复合时态中，助动词 **ter** 可与所有动词搭配。作为实义动词，它意为"拥有"。

Ele tinha descoberto um erro.　　他发现了一个问题。
Vocês têm uma casa linda!　　你们有个漂亮的房子。

haver（有）

haver 作为助动词，在复合时态中使用不多。作为实义动词时，它多用作无人称动词，用于第三人称单数，意为"有"。

Hoje há peixe fresco!　　今天有新鲜的鱼！

ser（是）

ser 作助动词用于被动语态中。作系动词时，它表示一些本质的、不改变的特征，如性别、职业、血缘关系、国籍、宗教、颜色、形状等等：

As blusas **são** lavadas por mim.　这些衬衣是我洗的。
Ela **é** tradutora.　她是翻译。

estar（暂处）

作助动词时，**estar** 在 **estar a** + 动词原形的结构中表示正在进行的动作。作系动词时则表示暂时处在的状态。

Ela **está a** tomar banho.　她正在洗澡。
O restaurante **está** fechado.　饭店关门了。

▶第 14 章 **ser** 和 **estar**，第 120 页。

ir（去）

ir 作为助动词，构成 **ir** 的陈述式现在时 + 动词原形结构，表达将要发生

的动作。作实义动词时，意为"去"。

Nós **vamos comer** fora.　我们要在外面吃饭。
Eu **vou** de avião para o Brasil.　我乘飞机去巴西。

▶不规则助动词在单独讲解时态和语式的章节中会涉及到。在 127 页的附录中，主要不规则动词变位表列出了完整的不规则动词变位。

变位表的使用方法

在深入学习本章内容之前，先要了解出现在第八章和第九章中的人称代词的几点重要内容：

1. 第二人称复数代词（**vós**）和相应的动词变位在现代葡语中几乎不用，本书的变位表中也没有列出。取而代之的是 **vocês**，意为"你们"，其相应的动词变位为第三人称复数。

   正式称呼"您们"的复数形式为 **os senhores** 或 **as senhoras**，此处的动词变位依然为第三人称复数。

2. **você** 在欧洲葡萄牙语中作为人称"您"的非正式称呼使用，其相应的动词变位为第三人称单数。

3. 在葡萄牙语中，第三人称复数有阳性或混合群体（**eles**）和阴性群体（**elas**）之分。

人称代词表：

单数	第一人称	**eu**	我
	第二人称	**tu**	你
		você	您
	第三人称	**ele**	他
		ela	她
复数	第一人称	**nós**	我们
	第二人称	**–**	–
	第三人称	**vocês**	你们
		eles	他们
		elas	她们

▶第 7 章 人称代词，第 36 页。

▶第 13 章 巴西葡萄牙语，第 109 页。

陈述式现在时

规则动词

规则动词的陈述式现在时（**presente**）变位通过在词干添加下表所列词尾构成。

动词词干是动词原形除去词尾 **-ar**，**-er** 和 **-ir** 之后剩下的部分，下面用词干 **fal-**，**viv-**，**abr-** 举例。

	-ar **falar**（说）	**-er** **viver**（生活）	**-ir** **abrir**（打开）
eu	fal**o**	viv**o**	abr**o**
tu	fal**as**	viv**es**	abr**es**
você	fal**a**	viv**e**	abr**e**
ele	fal**a**	viv**e**	abr**e**
ela	fal**a**	viv**e**	abr**e**
nós	fal**amos**	viv**emos**	abr**imos**
vocês	fal**am**	viv**em**	abr**em**
eles	fal**am**	viv**em**	abr**em**
elas	fal**am**	viv**em**	abr**em**

不规则动词

动词第一人称单数经常有不规则变位，不像其他人称都按规则变位。

第一人称单数不规则变位主要有：

	动词原形	第一人称单数	
-e- → -i-	preferir	prefiro	偏爱
	sentir	sinto	感受
	vestir	visto	穿衣
-o- → -u-	dormir	durmo	睡觉
-v- → -ç-	ouvir	ouço	听
-d- → -ç-	pedir	peço	请求
-z- → -ç-	fazer	faço	做
-z- → -g-	dizer	digo	说
-d- → -ss-	poder	posso	可以

▶ 主要不规则动词变位表，附录 127 页。

助动词

常用助动词的陈述式现在时变位：

	ter	haver	ser	estar	ir
eu	tenho		sou	estou	vou
tu	tens		és	estás	vais
você	tem	há	é	está	vai
ele	tem	há	é	está	vai
ela	tem	há	é	está	vai
nós	temos		somos	estamos	vamos
vocês	têm		são	estão	vão
eles	têm		são	estão	vão
elas	têm		são	estão	vão

陈述式现在时的用法

陈述式现在时用于表达：

- 说话时事情所处的过程或状态：

   O tempo **está** lindo!　　　　天气真好！

- 通常的情况或状态：

   Ele nunca **bebe** cerveja.　　　他从不喝啤酒。

- 永恒的真理：

   O sol **é** uma estrela.　　　　太阳是一颗恒星。

- 不久的将来（多与时间副词相连），也是将来时的替代形式之一：

   Amanhã **começam** as férias.　明天开始放假。

陈述式过去时

陈述式简单过去完成时

葡萄牙语口语中最常用的陈述式过去时形式叫陈述式简单过去完成时（**pps**）。

规则动词

陈述式简单过去完成时的变位通过在词干添加下列词尾构成：

	-ar	-er	-ir
	falar	viver	abrir
eu	falei	vivi	abri
tu	falaste	viveste	abriste
você/ele/ela	falou	viveu	abriu
nós	falámos	vivemos	abrimos
vocês/eles/elas	falaram	viveram	abriram

第一人称复数变位在第二和第三变位与相对应的陈述式现在时变位相同。

常用不规则动词

	ter	estar	ser/ir	haver	fazer
eu	tive	estive	fui		fiz
tu	tiveste	estiveste	foste		fizeste
você/ele/ela	teve	esteve	foi	houve	fez
nós	tivemos	estivemos	fomos		fizemos
vocês/eles/elas	tiveram	estiveram	foram		fizeram

尽管动词 ser 和 ir 在陈述式简单过去完成时中变位相同，但一般不会混淆，可以从上下文判断出来：

Ele **foi** um bom aluno no liceu. 　他在高中时是个好学生。
Ela **foi** para casa. 　她回家了。

请注意第三人称复数变位的重音：它在倒数第二个音节上！如果重读最后一个音节，那就成了陈述式简单将来时的第三人称复数变位，和过去时正好相反。

▶主要不规则动词变位表，附录 127 页。

陈述式简单过去完成时的用法

简单过去完成时用于表达：

● 过去已经结束或完成的行为或过程，例如日常事情或者历史事件。

Trabalhei todo o dia em casa. 我一整天都在家工作。
Pessoa **nasceu** em Lisboa. 　佩索阿生于里斯本。

陈述式复合过去完成时

陈述式复合过去完成时的变位由助动词 ter 的陈述式现在时和主动词的过去分词构成。

eu	tenho	
tu	tens	falado
você/ele/ela	tem	comido
nós	temos	partido
vocês/eles/elas	têm	

▶第九章 分词，第 81 页。

陈述式复合过去完成时的用法

陈述式复合过去完成时用于表达：

● 从过去开始并持续到现在的行为和事件。它通常与下列副词和时间状语连用：**ultimamente**，**nestes últimos tempos**（最近），**até agora**（到目前）。

Ultimamente **tenho trabalhado** muito.　　最近我工作繁忙。
Até agora não **tem havido** problemas.　　到目前没什么问题。

陈述式过去未完成时

陈述式过去未完成时在葡萄牙语中叫作 **pretérito imperfeito**。

规则动词

规则动词的过去未完成时变位通过在词干添加下列词尾构成：

	-ar falar	-er viver	-ir abrir
eu	fal**ava**	viv**ia**	abr**ia**
tu	fal**avas**	viv**ias**	abr**ias**
você/ele/ela	fal**ava**	viv**ia**	abr**ia**
nós	fal**ávamos**	viv**íamos**	abr**íamos**
vocês/eles/elas	fal**avam**	viv**iam**	abr**iam**

动词 **estar**，**ir**，**haver**，**fazer** 的陈述式过去未完成时变位是规则的。

常用的不规则动词

	ter	ser	pôr	vir
eu	tinha	era	punha	vinha
tu	tinhas	eras	punhas	vinhas
você/ele/ela	tinha	era	punha	vinha
nós	tínhamos	éramos	púnhamos	vínhamos
vocês/eles/elas	tinham	eram	punham	vinham

▶主要不规则动词变位表，附录 127 页。

过去未完成时的用法

过去未完成时用于表达：

- 过去正在进行、并未终止的行为或过程：

  Dantes tinha cabelo comprido. 我以前是长头发。
  Era uma vez uma princesa … 从前有一个公主……

- 过去重复或规律发生的行为：

  Às vezes **atrasava**-me. 我偶尔迟到。

- 当过去一件事情发生时，另一个正在进行的动作：

  Quando eu **estava** na banheira, 我在浴缸里时，电话响了。
  tocou o telefone. Típico! 每次都这样！

- 礼貌的请求或愿望，主要使用动词 **querer, desejar**：

  Queria um café, por favor! 请给我一杯咖啡！

- 替代非现实条件句主句中的条件式：

  Se tivesse tempo, **ia** contigo. 如果我有时间，我就跟你一起去了。

▶第 12 章 非现实条件句，第 106 页。

陈述式简单过去完成时与陈述式过去未完成时的对比

下列关于陈述式简单过去完成时与陈述式过去未完成时用法的基本原则非常有用：

1. ● 陈述式过去未完成时用于在过去重复发生或规律发生的事件

  O meu irmão **chegava** muitas 我兄弟高中时经常迟到。
  vezes atrasado ao liceu.

  ● 陈述式简单过去完成时用于发生在过去某个特定时间点并且已经结束的事件

  No dia do exame final ele 期末考试那天他准时到了。
  chegou a tempo.

2. ● 陈述式过去未完成时用于描述过去事件的状态

  ● 陈述式简单过去完成时用于记述过去事件的情节

Um dia nós fomos com a minha mãe à Floresta Negra.	有一天我们和妈妈一起去了黑森林。
Estava um lindo dia de sol.	那是一个美好的晴天。
Ela **gostou** muito do passeio.	她喜欢那次兜风。

3. ● 陈述式过去未完成时用于过去正在进行的动作

   ● 陈述式简单过去完成时用于在过去进行过程中新发生的动作

| O professor já estava na sala quando entraste. | 你进来的时候老师已经在教室了。 |

陈述式先过时

陈述式简单先过时（**mais-que-perfeito simples**）只用于书面用语，此处只讲解陈述式复合先过时（**mais- que-perfeito composto**），二者用法相同。

陈述式复合先过时变位由助动词 **ter** 的陈述式过去未完成时和主动词的过去分词构成：

eu	tinha	
tu	tinhas	**falado**
você/ele/ela	tinha	**comido**
nós	tínhamos	**partido**
vocês/eles/elas	tinham	

▶第 9 章 分词，第 81 页。

陈述式复合先过时的用法

陈述式复合先过时表达的是发生在过去的事件，这一事件比其他过去的事件更早发生。因此，经常会用到时间副词 **já**（已经）。

| Ele telefonou-me às dez horas, mas eu já **tinha saído**. | 他十点的时候给我打电话，但那个时候我已经出门了。 |
| Como nós não **tínhamos lido** o jornal, não sabíamos da greve dos transportes. | 因为我们没看报纸，所以不知道交通罢工。 |

陈述式将来时

不久的将来

在欧洲葡萄牙语中，对于即将发生的事件很少使用陈述式简单将来时，而是倾向于用表达不久将来的结构，它由助动词 **ir** 的陈述式现在时变位加动词原形构成。

eu	**vou**	
tu	**vais**	**falar**
você/ele/ela	**vai**	**comer**
nós	**vamos**	**partir**
vocês/eles/elas	**vão**	

Vocês **vão visitar** a Torre de Belém?　你们要去参观贝伦塔吗?
Nas férias ele **vai aprender** português.　这个假期他要学葡萄牙语。

陈述式简单将来时

陈述式简单将来时（**futuro simples**）变位相对简单，在动词原形后添加词尾，三类动词所加词尾没有区别!

	-ar	-er	-ir
	falar	viver	abrir
eu	falarei	viverei	abrirei
tu	falarás	viverás	abrirás
você/ele/ela	falará	viverá	abrirá
nós	falaremos	viveremos	abriremos
vocês/eles/elas	falarão	viverão	abrirão

不规则动词也是以这种方式构成简单将来时变位，无一例外。

但有三个动词变位特殊：**dizer**（说），**fazer**（做）和 **trazer**（带来）。在添加词尾之前，要去掉原形动词中的 **-ze-**。

	dizer	fazer	trazer
eu	direi	farei	trarei
tu	dirás	farás	trarás
você/ele/ela	dirá	fará	trará
nós	diremos	faremos	traremos
vocês/eles/elas	dirão	farão	trarão

简单将来时的用法

简单将来时用于：

● 表达未来的行为或状态，尤其用于欧洲葡萄牙语的书面用语：

Ele partirá no sábado.　　他将在星期六出发。
Nós contaremos tudo.　　我们会说出一切。

● 表达猜测、假设或者不确定：

Amanhã estará bom tempo?　明天会是好天气吗？
Ele gostará deste presente ...　他应该会喜欢这份礼物吧……

▶第 13 章 巴西葡萄牙语，第 109 页。

陈述式复合将来时

在葡萄牙语中，除了陈述式简单将来时外还有陈述式复合将来时（**futuro perfeito**）。

陈述式复合将来完成时变位由助动词 **ter** 的简单将来时和主动词的过去分词构成：

eu	terei	
tu	terás	
você/ele/ela	terá	falado
		comido
nós	teremos	partido
vocês/eles/elas	terão	

▶第 9 章 分词，第 81 页。

陈述式复合将来时的用法

陈述式复合将来时用于：

● 在将来某一行为发生前已经完成的行为：

Quando ela chegar, já terei comido.　等她到的时候，我已经吃过饭了。

● 表达对过去行为的猜测、假设或者不确定：

Eles terão falado com o professor?　他们已经跟老师谈过了吗？

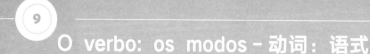

O verbo: os modos – 动词：语式

语式是指说话者对所作陈述持有的态度。葡萄牙语中共有四种语式：陈述式、条件式、命令式和虚拟式。第八章讲解了动词的陈述式时态，本章节讲解剩下的三种语式。

建议先复习一下第八章的内容。

▶第 8 章 动词：时态，第 52 页。

条件式

简单条件式

简单条件式（**condicional simples**）变位相对简单，在动词原形后添加词尾，三类动词所加词尾没有区别！

	-ar	-er	-ir
	falar（说）	viver（生活）	abrir（打开）
eu	falaria	viveria	abriria
tu	falarias	viverias	abririas
você/ele/ela	falaria	viveria	abriria
nós	falaríamos	viveríamos	abriríamos
vocês/eles/elas	falariam	viveriam	abririam

不规则动词也是以这种方式构成简单条件式，无一例外。

但有三个动词变位特殊：**dizer**（说），**fazer**（做）和 **trazer**（带来）。在添加词尾之前，要去掉原形中的 **-ze-**。

	dizer	fazer	trazer
eu	diria	faria	traria
tu	dirias	farias	trarias
você/ele/ela	diria	faria	traria
nós	diríamos	faríamos	traríamos
vocês/eles/elas	diriam	fariam	trariam

简单条件式的用法

简单条件式用于：

● 非现实条件句的主句：

Se eu tivesse tempo, **iria** mais vezes a Portugal.	如果我有时间的话，我会更常去葡萄牙。

▶这一用法会在第 12 章，第 106 页的"非现实条件句"中详细讲解。

● 委婉地表达愿望：

Eu gostaria muito de ver esse filme.	我非常想看这部电影。
Tu deverias fazer dieta.	你应该减肥。

● 在主句是过去时的情况下，用于带 **que** 的从句和间接疑问句：

Ela escreveu-me que **viria** no próxi- mo mês.	她给我写信说会在下个月来。
Eu não sabia se tu me **con-vidarias** para a tua festa ...	我不知道，你是否会邀请我去参加你的派对……

● 和过去有关的猜测：

Que horas seriam quando o Pedro telefonou?	佩德罗来电话的时候大概是几点？

除了最后一种情况，其他情况在欧洲葡萄牙语口语中常用陈述式过去未完成时。

▶第 8 章 动词：时态，第 52 页。

复合条件式

除了简单条件式之外，葡萄牙语中还有复合条件式（**condicional composto**）。

复合条件式变位由助动词 **ter** 的简单条件式加主动词的过去分词形式构成：

eu	teria	
tu	terias	
você/ele/ela	teria	falado
		comido
nós	teríamos	partido
vocês/eles/elas	teriam	

▶第 9 章 分词，第 81 页。

复合条件式的用法

复合条件式的用法与简单条件式类似，它用于下列情况：

● 过去非现实条件句的主句：

Se ele me tivesse convidado, eu **teria ido** à sua festa de aniversário.　如果他邀请了我的话，我就会去他的生日聚会。

▶这种用法会在第 12 章"非现实条件句"一节（第 106 页）详细讲解。

● 委婉地表达愿望或对于过去发生事件的一种猜测：

Eu **teria gostado** muito de ver esse filme.　我非常想看这部电影。

Quem **teria telefonado**?　是谁打来的电话？

● 如果直接引语为陈述式复合将来时，则由 **que** 引导的间接引语从句使用复合条件式：

Até Agosto nós teremos escrito o livro.　到八月份我们就会写完这本书了。

Eles disseram que até Agosto teriam escrito o livro.　他们说到八月份就会写完那本书了。

▶第 12 章，间接引语，第 107 页。

命令式

葡萄牙语的命令式（**imperativo**）实际上只有两种变位：第二人称单数和第二人称复数。由于动词第二人称复数的用法在现代葡萄牙语中基本不用，命令式中只用第二人称单数变位。

命令式变位由陈述式现在时相应人称的变位而来——去掉词尾 **-s**，因此命令式第二人称单数变位与陈述式现在时第三人称单数变位相同，不规则动词同样如此。只有动词 **ser** 例外。

	动词原形	陈述式现在时第三人称单数	命令式第二人称单数
-ar	falar	fala	**fala**
-er	comer	come	**come**
-ir	abrir	abre	**abre**
不规则动词	ter	tem	**tem**
	estar	está	**está**
	dizer	diz	**diz**
	ir	vai	**vai**
	vir	vem	**vem**
例外：	**ser**	**é**	**sê**

第二人称单数的命令式变位只能用于肯定命令式。

其他人称的命令式和所有否定命令式（包括第二人称单数）的变位都用虚拟式现在时的变位表达。

▶第 9 章 虚拟式，第 68 页。

命令式的用法

葡萄牙语命令式用于第二、三人称单数，第一人称复数（说话者对自己交际圈内的人提要求）和第三人称复数变位：

使用命令式：

Tem paciência!	耐心点！
Fala mais devagar, por favor!	请说慢一些！

使用虚拟式：

Não **abras** a porta.	别开门。

Telefone já para casa.		您马上往家里打电话。	
Dancemos!		我们来跳舞吧！	
Comprem o bilhete.		请你们买票。	

▶第 9 章 虚拟式，第 68 页。

常用命令式变位一览表：

	falar	comer	abrir
(tu)	fala / não fales	come / não	abre / não abras
(você)	fale	comas coma	abra
(vocês)	falem	comam	abram

	ter	estar	ser
(tu)	tem / não tenhas	está / não estejas	sê / não sejas
(você)	tenha	esteja	seja
(vocês)	tenham	estejam	sejam

	dizer	ir	vir
(tu)	diz / não digas	vai / não vás	vem / não venhas
(você)	diga	vá	venha
(vocês)	digam	vão	venham

	dar	pôr	trazer
(tu)	dá / não dês	põe / não ponhas	traz / não tragas
(você)	dê	ponha	traga
(vocês)	dêem	ponham	tragam

虚拟式

葡萄牙语虚拟式的用法非常广泛。它表达一种可能性，是对事件的主观态度，这有别于陈述式。此外还有很多直接要求使用虚拟式的短语、连词等，但它们不一定涉及主观性。

不论是口语，还是书面用语，葡萄牙语的虚拟式可在所有时态中使用。

 虚拟式 在欧洲葡萄牙语中叫作 **conjuntivo**，在巴西葡萄牙语中为 **subjuntivo**。

虚拟式现在时

虚拟式现在时变位（**presente do conjuntivo**）由陈述式现在时的第一人称单数变位变化而来。所有动词的词尾 **-o** 都作如下变化：

	falar	viver	abrir
陈述式现在时第一人称单数	fal**o**	viv**o**	abr**o**
eu	fal**e**	viv**a**	abr**a**
tu	fal**es**	viv**as**	abr**as**
você/ele/ela	fal**e**	viv**a**	abr**a**
nós	fal**emos**	viv**amos**	abr**amos**
vocês/eles/elas	fal**em**	viv**am**	abr**am**

虚拟式现在时的变位基于动词陈述式现在时第一人称单数变位，因而大多数不规则动词的虚拟式现在时变位都是规则的，例如：

	dizer	fazer	ver	ouvir
陈述式现在时第一人称单数	dig**o**	faç**o**	vej**o**	ouç**o**
eu	dig**a**	faç**a**	vej**a**	ouç**a**
tu	dig**as**	faç**as**	vej**as**	ouç**as**
você/ele/ela	dig**a**	faç**a**	vej**a**	ouç**a**
nós	dig**amos**	faç**amos**	vej**amos**	ouç**amos**
vocês/eles/elas	dig**am**	faç**am**	vej**am**	ouç**am**

重要助动词的虚拟式现在时变位：

	ter	haver	ser	estar
陈述式现在时第一人称单数	ten**h**o		**sou**	**estou**
eu	ten**h**a		seja	esteja
tu	ten**h**as	haja	sejas	estejas
você/ele/ela	ten**h**a		seja	esteja
nós	ten**h**amos		sejamos	este**j**amos
vocês/eles/elas	ten**h**am		sejam	estejam

从上表就能看出，一些不规则动词的虚拟式现在时变位并不是由陈述式现在时第一人称单数变位变化而来的，例如：

dar（给） → dou → dê, dês, dê, dêmos, dêem
ir（走） → vou → vá, vás, vá, vamos, vão
querer（想要） → quero → queira, queiras, queira, queiramos, queiram
saber（知道） → sei → saiba, saibas, saiba, saibamos, saibam

▶虚拟式现在时的用法，第 71 页。

虚拟式过去未完成时

虚拟式过去未完成时（**imperfeito do conjuntivo**）变位由陈述式简单过去完成时的第三人称复数变位变化而来。所有动词的末尾音节 **-ram** 都作如下变化：

	falar	viver	abrir
陈述式简单过去完成时第三人称复数	fala**ram**	vive**ram**	abri**ram**
eu	falasse	vivesse	abrisse
tu	falasses	vivesses	abrisses
você/ele/ela	falasse	vivesse	abrisse
nós	falássemos	vivêssemos	abríssemos
vocês/eles/elas	falassem	vivessem	abrissem

虚拟式过去未完成时第一人称复数变位有重音：在第一和第三变位加开音符号，在第二变位加闭音符号。

重要助动词的虚拟式过去未完成时变位：

	ter	estar	ser/ir	haver
陈述式简单过去完成时第三人称复数	tive**ram**	estive**ram**	fo**ram**	houve**ram**
eu	tivesse	estivesse	fosse	
tu	tivesses	estivesses	fosses	
você/ele/ela	tivesse	estivesse	fosse	houvesse
nós	tivéssemos	estivéssemos	fôssemos	
vocês/eles/elas	tivessem	estivessem	fossem	

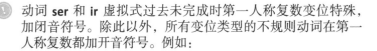

动词 **ser** 和 **ir** 虚拟式过去未完成时第一人称复数变位特殊，加闭音符号。除此以外，所有变位类型的不规则动词在第一人称复数都加开音符号。例如：

dar（给）	→ deram	→ desse, desses, desse, dé**ss**emos, dessem
querer（想要）	→ quiseram	→ quisesse, quisesses, quisesse, quis**é**ssemos, quisessem
saber（知道）	→ souberam	→ soubesse, soubesses, soubesse, soub**é**ssemos, soubessem

▶第一章 重音，第 7 页。

▶虚拟式过去未完成时的用法，见下方。

▶主要不规则动词变位表，见附录 127 页。

虚拟式先过时

虚拟式先过时（**mais-que-perfeito composto do conjuntivo**）变位由助动词 **ter** 的虚拟式过去未完成时和主动词的过去分词构成。

eu	tivesse	
tu	tivesses	falado
você/ele/ela	tivesse	comido
nós	tivéssemos	partido
vocês/eles/elas	tivessem	

▶第 9 章 分词，第 81 页。

虚拟式现在时、虚拟式过去未完成时和虚拟式先过时的用法

虚拟式现在时、虚拟式过去未完成时和虚拟式先过时：

1.用于主句：

● 用于所有人称的命令式，除了第二人称单数肯定命令式：

Ajude-me, por favor!	我今天可能给我兄弟打电话。
Estudem português todos os dias!	你们每天都要学葡萄牙语！

| Não faças tanto barulho! | 你不要这么吵！ |

▶第 9 章 命令式，第 67 页。

● 用于表达愿望：

Que te corra tudo bem!	愿你一切顺利！
Viva o Porto!	波尔图万岁！
Diabo seja surdo, cego e mudo!	噩运远离！

● 在 **talvez**（可能）和 **oxalá**（希望、但愿）之后：

Hoje talvez **telefone** ao meu irmão.	我今天可能给我兄弟打电话。
Ela talvez **tivesse tido** outros planos, mas ficou em casa.	她可能本有其他的计划，但她还是待在了家里。
Oxalá o tempo **esteja** bom no fim de semana!	希望周末是好天气！

若 **talvez** 在动词之后，那么就不使用虚拟式，而使用陈述式：

Escrevo-te talvez na próxima semana.　我可能下周给你写信。

2. 用在从句：

● 虚拟式过去未完成时用于非现实条件句：

Se nós **vivêssemos** junto ao mar, seríamos mais felizes!	如果我们住在海边，我们会更幸福的！
Não te veria, se não me **chamasses**.	如果你不叫我，我就看不到你了。
Se eu tivesse reservado mesa, não haveria agora problemas.	如果我订了位，现在就不会有问题了。

▶第 12 章 非现实条件句，第 106 页。

● 在无人称表达之后，例如：

| **é bom/mau que** | ……是好的 / 不好的。 |
| **é possível/impossível que** | ……是可能的 / 不可能的。 |

é melhor/pior que	……更好 / 更不好。
é sorte/pena que	……是幸运的 / 是可惜的。
é preciso que	……是有必要的。

É bom que te interesses por línguas.	你对语言感兴趣是好事。
É pena que vocês tenham pouco tempo para estudar!	你们学习时间这么少，真是遗憾！
Era preciso que reservasses o voo.	预订机票对你来说很有必要。

● 在表达意愿、感觉和必要性的动词引导的直接宾语从句中，例如：

querer que	想要……
pedir que	请求……
preferir que	宁愿……
esperar que	希望……
recear que	担心……
evitar que	避免……

| Quero que me contes toda a verdade. | 我希望你告诉我全部的真相。 |
| Esperamos que volte em breve. | 我们希望您不久回来。 |

● 在特定的连词之后或短语中，例如：

para que / a fim de que	为了
(no) caso (que)	如果
antes que	在……之前
embora	尽管
mesmo que	即使
sem que	没有

| Ele tirou o casaco para que possa trabalhar melhor. | 为了更好地工作，他脱掉了外套。 |

| Embora tivesse pressa, esperei por ti. | 尽管赶时间，我也等你了。 |

虚拟式简单将来时

虚拟式简单将来时（**futuro imperfeito do conjuntivo**）由陈述式简单过去完成时的第三人称复数变位变化而来。在第一和第三人称单数时，词尾不会改变，在其余人称的动词词尾 **-am** 将会作如下变化：

	falar	viver	abrir
简单过去完成时第三人称复数	falar**am**	viver**am**	abrir**am**
eu	falar	viver	abrir
tu	falar**es**	viver**es**	abrir**es**
você/ele/ela	falar	viver	abrir
nós	falar**mos**	viver**mos**	abrir**mos**
vocês/eles/elas	falar**em**	viver**em**	abrir**em**

重要助动词的虚拟式将来未完成时：

	ter	estar	ser/ir	haver
简单过去完成时第三人称复数	tiver**am**	estiver**am**	for**am**	houver**am**
eu	tiver	estiver	for	
tu	tiver**es**	estiver**es**	for**es**	
você/ele/ela	tiver	estiver	for	houver
nós	tiver**mos**	estiver**mos**	for**mos**	
vocês/eles/elas	tiver**em**	estiver**em**	for**em**	

这一变化同样适用于不规则动词：

dar（给）　　　→ deram　　→ der, deres, der, dermos, derem
querer（想要）→ quiseram → quiser, quiseres, quiser, quisermos, quiserem
saber（知道）　→ souberam → souber, souberes, souber, soubermos, souberem

虚拟式简单将来时的用法

虚拟式简单将来时表达的是未来事件的可行性、可能性或者不确定性。

虚拟式简单将来时：

● 用于现实条件句，在 **se**（如果）之后：

Se amanhã chover, fico em casa.	如果明天下雨，我就待在家。
Não esperes por mim, se eu estiver atrasada.	如果我迟到，你就不要等我了。

▶第 12 章 非现实条件句，第 106 页。

● 用在某些连词之后或短语中，表达与未来的动作，例如：

quando	当……时
enquanto	在……时
conforme	根据，正如
como	正如
logo que	只要
cada vez que	每当

Quando **estiveres** cá, telefona-me.	你来这儿了，就给我打个电话。
Conforme o que o médico **disser**, decido-me.	我按照医生说的话做决定。
Como vocês **quiserem** ...	随你们的便……
Logo que eu **puder**, escrevo-te.	我一旦可以，就给你写信。

在连词 **logo que** 和 **cada vez que** 之后，也可以用虚拟式现在时。

● 用在定语从句中，表示未来行为的不确定性：

Todos que **vierem** à festa são bem-vindos.	欢迎所有来参加派对的人。
Quem **chegar** primeiro espera pelo outro.	先到的人等另一个人。

● 用于固定表达，例如：

seja como **for**	无论如何
seja o que **for**	无论什么
seja quem **for**	无论是谁
aconteça o que **acontecer**	无论发生什么
custe o que **custar**	无论付出什么代价
digam o que **disserem**	无论别人说什么
venha quem **vier**	无论谁来

Não me interessa, seja como for eu vou à festa.	无所谓，无论如何我都要去参加派对。
Digam o que disserem eu visto calças de ganga.	无论别人说什么，我都穿牛仔裤。
Custe o que custar vou trabalhar até à meia-noite.	无论怎样，我都要工作到半夜。

不定式

不定式（**infinitivo**）是动词的基本形式或原形，其词尾为 **-r**。

不定式的三种动词变位的词尾为 **-ar**，**-er** 和 **-ir**。

动词 **pôr**（放置）与其他动词不同，是一个不规则的动词，需要多加练习以掌握其用法。它在葡萄牙语中很常用，且很多动词由它加前缀派生而来，例如 **dispor**（拥有，规定），**propor**（建议），**impor**（强迫），**compor**（组成，编排）等等，它们变位方法与 **pôr** 相同。

▶主要不规则动词变位表，附录 127 页。

无人称不定式

无人称不定式（**infinitivo impessoal**）没有主语。

它的具体用法如下：

● 用作动名词，不涉及特定的主语：

Estudar é importante!   学习很重要！

● 用作命令式：

Por favor, não **pisar** o relvado! 请勿踩踏草坪！

● 作为事件的目的，与前置词 **para** 或 **a** 连用：

Vou à Baixa para **comprar** um casaco.　我去市中心买件外套。
Telefona a **reservar** um quarto.　　　你打电话订房。

● 在动词 querer（想要），poder（可以），dever（应该）等之后：

Não posso **lavar** o meu carro.　　　我不能洗我的车。

● 在接特定前置词的动词之后，例如：

gostar de	喜欢
esquecer-se de	忘记
alegrar-se de	高兴
aprender a	学习

Gosto tanto de **comer** peixe! 我太喜欢吃鱼了！

● 在句中前置词 **a** 之后，相当于副动词的用法：

Ele disse-me adeus a **sorrir.**　他笑着和我说再见。

▶第 9 章 副动词，第 80 页。

● 构成复合名词时：

a máquina de **lavar** roupa　　洗衣机
a lâmina de **barbear**　　　剃须刀片

有人称不定式

有人称不定式（**infinitivo pessoal**）是葡萄牙语中特有的不定式形式，它是带有一个主语的不定式，即便主语没有明确地体现出来。

无人称不定式添加下列词尾，构成有人称不定式：

	falar	viver	abrir
eu	falar	viver	abrir
tu	falar**es**	viver**es**	abrir**es**
você/ele/ela	falar	viver	abrir

| nós | falar**mos** | viver**mos** | abrir**mos** |
| vocês/eles/elas | falar**em** | viver**em** | abrir**em** |

 规则动词的有人称不定式与其虚拟式简单将来时的变位相同。

不规则动词同样要加上下列词尾：

	ter	**estar**	**ser**	**pôr**
eu	ter	estar	ser	pôr
tu	ter**es**	estar**es**	ser**es**	por**es**
você/ele/ela	ter	estar	ser	pôr
nós	ter**mos**	estar**mos**	ser**mos**	por**mos**
vocês/eles/elas	ter**em**	estar**em**	ser**em**	por**em**

有人称不定式的用法

有人称不定式的结构言简意赅，富有表现力，尽管如此，它经常可被由 **que** 引导的虚拟式从句替代：

É pena não **vires** hoje a minha casa.
É pena que não **venhas** hoje a minha casa. ｝你今天不来我家真可惜。

在选择使用不定式时，有时只能使用有人称不定式，有时也可以使用无人称不定式。

必须使用有人称不定式的情况：

● 主句主语和不定式的主语不同。这类不定式很多时候跟在前置词之后：

Eu espero até (tu) **chegares**. 我一直等到你来。
Dê-nos tempo para (nós) **comermos** devagar. 请您给我们时间慢慢吃。

● 在无人称表达结构之后：

é bom/mau	……是好的 / 不好的。
é possível/impossível	……是可能的 / 不可能的。
é melhor/pior	……更好 / 更不好。

| é sorte/pena | ……是幸运的 / 是可惜的。 |
| é preciso | ……是有必要的。 |

É melhor (nós) **festejarmos** o Natal em casa. 　我们在家过圣诞节更好。

É possível (tu) **ires** a Florença este ano. 　今年你有可能去佛罗伦萨。

● 在特定的前置词短语之后，例如：

antes de	在……之前
depois de	在……之后
no caso de	如果
apesar de	尽管

Antes de **ires** embora, bebe um copinho de leite. 　你在走之前喝一小杯牛奶吧。

Apesar de (nós) não **bebermos** vinho, apreciamos um bom Porto. 　虽然我们不喝红酒，但我们喜欢好的波尔图葡萄酒。

可以使用有人称不定式，也可以使用无人称不定式的情况：

● 主句主语和不定式的主语相同，且不定式跟在前置词之后：

Pensaste em comprar/ comprares fruta? 　你想过买水果吗？

Temos pena de não sair/ sairmos hoje. 　我们很抱歉，今天不出去了。

● 主句主语和不定式的主语相同，且不定式由前置词 **a** 和定冠词 **o** 引导，表示同时性：

Ao tocar/tocarmos à porta vimos que estava aberta. 　敲门的时候，我们看到门是开着的。

Ficaste contente ao ver/veres o meu presente? 　看到我的礼物你开心吗？

副动词

简单副动词（**gerúndio simples**）的形式十分简单，并且无一例外！

副动词由动词原形变化而来。词尾的 **-r** 由 **-ndo** 替代：

falar	fala**ndo**	ter	te**ndo**
viver	vive**ndo**	ser	se**ndo**
abrir	abri**ndo**	estar	esta**ndo**

副动词的用法

相较于口语，副动词在书面用语中使用更为频繁。

副动词的用法：

- 用于前置词 **em** 之后，表达一个行为是另一行为的前提：

| Em chegando a casa, vou logo para a cama. | 我一到家，就立马上床睡觉。 |
| Chamas-me, em começando o filme? | 电影一开场，你就给我打电话好吗？ |

- 不加前置词，表达时间、方式、原因、条件等：

Vendo o sinal vermelho, ele parou.	他看到红灯时就停下了。
Ela ouvia música sorrindo.	她面带微笑听着音乐。
Estando com fome, comi um pãozinho.	因为我饿了，就吃了个小面包。
Saindo cedo, as estradas ainda estão livres.	如果早点出门，街上还很空。

葡萄牙语副动词在英语中可用从句来表达，比如 as（当……），for（因为），when（当……），引导句子。

- 在巴西葡萄牙语中，副动词用于表达进行时，由动词 **estar** + 副动词构成：

| Estou **preparando** a lição para amanhã. | 我正在准备明天的课。 |

在欧洲葡萄牙语中，该结构由动词 **estar** + 前置词 **a** + 主动词的动词原形构成：

Estou a preparar a lição para　我正在准备明天的课。
amanhã.

▶第 13 章 巴西葡萄牙语，第 109 页。

分词

过去分词（**particípio passado** 或 **perfeito**）的构成规则十分简单。第一变位时，在词干后添加词尾 **-ado**，第二、三变位时，在词干后添加词尾 **-ido**：

-ar	falar	fal**ado**
-er	viver	viv**ido**
-ir	partir	part**ido**

不规则动词过去分词的构成同样如此：

ter	**tido**	haver	hav**ido**
ser	**sido**	ir	**ido**
estar	**estado**	querer	quer**ido**

但也有不规则的过去分词，例如：

abrir	打开	**aberto**	打开
cobrir	遮盖	**coberto**	遮盖
dizer	说	**dito**	说
escrever	写	**escrito**	写
fazer	做	**feito**	做
pôr	放置	**posto**	放置
ver	看见	**visto**	看见
vir	来	**vindo**	来

上述分词的构成方式也适用于由这些动词派生而来的动词：

descobrir – descoberto（发现）等等。

许多动词都有两种分词形式：规则分词和不规则分词形式。

部分有两种分词形式的部分动词：

		规则分词	不规则分词
aceitar	接受	**aceitado**	aceite
acender	点燃	**acendido**	aceso
confundir	混淆	**confundido**	confuso
corrigir	改正	**corrigido**	**corre(c)to**
encher	填满	**enchido**	cheio
entregar	上交	**entregado**	entregue
exprimir	表达	**exprimido**	expresso
ganhar *	赢得、赚得	**ganhado ***	ganho
gastar *	花费	**gastado ***	gasto
imprimir	打印	**imprimido**	impresso
juntar	汇集	**juntado**	junto
limpar	清洗	**limpado**	limpo
pagar *	支付	**pagado ***	pago
romper	撕破	**rompido**	roto
secar	干燥	**secado**	seco

带 * 的规则分词如今几乎不再使用。

分词 **aceite** 在欧洲葡萄牙语中使用，巴西葡萄牙语则使用 **aceito**。

过去分词的用法

过去分词有时不变化，有时和所修饰名词的性数保持一致。

非变化型分词

分词不变化的情况：

● 与助动词 **ter** 构成复合时态：

Até agora tudo tem corrido bem.   目前一切顺利。

Nós já tínhamos entregado a carta há muito tempo.   我们早就把信送到了。

Eles terão ido para férias?   他们去度假了吗？

🌐 在巴西葡萄牙语中，分词也会在复合时态中与动词 **haver** 连用，但更多用于书面语。

❗ 有两种分词形式的动词，在构成复合时态使用规则分词。

变化型分词

分词与主语或所修饰的名词保持性数一致：

● 构成被动语态：

O livro foi impresso em Portugal.   这本书是在葡萄牙印刷的。

As toalhas foram secas pelo vento.   毛巾被风吹干了。

Os formulários foram entregues por ti?   表格是你交的吗？

▶第 9 章 被动语态，第 81 页。

● 分词作形容词，充当定语：

Uma fadista muito conhecida!   一名非常有名的法多女歌手！

Não gosto de roupa usada.   我不喜欢旧衣服。

❗ 分词作定语始终放在被修饰的名词之后。

● 作形容词，充当表语，与动词 **estar**、**andar**、**ficar** 等连用：

A mesa está **coberta** de pó.   这张桌子满是灰尘。

Eles andam **preocupados**.   他们一直很担心。

Eu fiquei mesmo **admirada**!   我真的震惊了！

Este prato está **limpo**?   这个盘子干净吗？

● 分词结构作独立状语，替代从句：

Passadas as férias, voltámos ao trabalho.	假期结束，我们复工。
Acabado o jantar, foram todos embora.	吃完晚餐，所有人都走了。
Aceso o lume, sentei-me no sofá.	点好灶火，我便坐在沙发上。

以上所有情况均使用两种分词形式中的不规则分词。

被动语态

被动语态（**voz passiva**）由助动词 **ser** 的变位 和主动词的过去分词构成。

被动语态中的分词是可变化的，即分词要与对应的主语保持性数一致。若分词有两种形式，应使用不规则形式。

一般情况下，被动语态的施动者由前置词 **por** 引出，此前置词在必要时与其后的定冠词缩合。

As receitas foram escritas por eles?	菜谱是他们写的吗？
O quarto terá sido reservado por ela.	房间应该已经由她预定了。
O plano seria feito pelo arquite(c)to.	计划将由建筑师拟定。

▶第 9 章 分词，第 81 页。

▶第 2 章 冠词与前置词的缩合，第 11 页。

若被动语态中没有施动者，则可用带 se 的反身结构构成被动语态，动词变位使用第三人称单数或复数。动词与所修饰的名词保持数的一致：

No Brasil bebe-**se** muito café.	在巴西喝很多咖啡。
Vendem-**se** terrenos.	地皮待售。

▶第 7 章 带有 se 的不确定主语，第 43 页。

情态动词在葡萄牙语中的表达

葡萄牙语中的动词 **poder**、**saber**、**dever**、**querer** 和 **ter que/de** 可作情态动词。

可以

1. poder

表达一种能力或可能性：

Ele **pode** carregar as malas. 他可以抬起箱子。
Podes acordar-me amanhã? 明天你可以叫醒我吗？

2. saber

表达学到的能力：

Você **sabe** falar português? 您会说葡萄牙语吗？
Nós **sabemos** cantar. 我们会唱歌。

允许

1. poder

表达许可：

Desculpe, **posso** abrir a janela? 不好意思，我可以开窗吗？

2. dever

表达猜测和假设：

Tu **deves** estar muito cansado! 你一定很累了吧！

não dever
表达禁止：

Não devemos pisar a relva. 我们不能踩踏草坪。

应该

dever

Ele **deve** estudar mais. 他应该多学习。
Eu **devia** ir ao médico. 我应该去看医生。

必须

1. ter que/de

表达强制性或必要性：

| Vocês **têm de** pagar a conta. | 你们必须付账。 |
| **Tenho que** ir para casa. | 我必须回家。 |

在动词 **ter** 之后可以用 **que** 和 **de** 中的任意一个。

2. **dever**

表达猜测和假设：

| A esta hora ele já **deve** estar a dormir. | 这个时间他应该已经睡了。 |

想，愿意

querer

| Eu **quero** ir de carro. | 我想开车去。 |
| **Queres** ir comigo ao cinema? | 你愿意和我一起去看电影吗？ |

动词 **querer** 表达的意愿不如英语的 will 强烈。

喜欢，想

querer

Ele não **quer** mais café.	他不想再要咖啡了。
Quer deixar notícia?	您想留言吗？
Queria reservar um quarto.	我想预定一间房。

As preposições – 前置词

葡萄牙语前置词从形式上可划分为简单前置词和由几部分组合而成的复合前置词。

简单前置词

重要的简单前置词有：

a

用于下列情况：

● 用于 **ir**（去），**vir**（来），**voltar**（回来）等表示运动的动词之后，

表达在目的地的停留时间从主观上判断相对较短：

Quando vais ao teatro?	你什么时候去剧院？
Tenho que voltar à escola.	我得回学校。
Ele vem sempre a casa almoçar.	他总是回家吃午饭。

● 连接间接宾语：

Dei um beijo aos meus filhos.	我给了我的孩子们一个吻。
Ele emprestou o livro à professora.	他把书借给了女老师。

● 用于时间状语中：

O jogo começa às 16.00 horas.	比赛 16 点开始。
Ela trabalha até ao meio-dia.	她工作到中午十二点。
Fiquei na praia até ao pôr do sol.	我在沙滩上一直待到日落。

● 在进行时 estar a+ 动词原形结构中：

Estás a estudar?	你正在学习吗？

● 用于某些动词、形容词、名词和副词之后，例如：

agradar a	使满意
chegar a	到达
pedir a	请求
pertencer a	属于
telefonar a	打电话
igual a	相同
acostumado a	习惯于
correspondente a	对应
contrariamente a	与……相反
a visita a	拜访……

Esta pasta pertence ao meu chefe.　这个公文包是我老板的。

Ele está acostumado a chá.　他习惯喝茶。

A visita ao museu foi guiada.　博物馆参观有人引导。

在巴西葡萄牙语中，前置词 **a** 通常被前置词 **em** 代替：

Eles vão **no** restaurante　他们去饭店。

前置词 **a** 与其后的定冠词和指示代词 **aquele**，**aquela** 等缩合。

▶第 2 章 冠词，冠词与前置词的缩合，第 11 页。

▶第 7 章 指示代词，指示代词与前置词的缩合，第 46 页。

de

用于下列情况：

● 表示来源、出身：

A minha amiga é **de** Rottweil.　我的女朋友来自罗特韦尔。

Cheguei ontem **do** Porto.　我是昨天从波尔图来的。

● 构成所有格：

Ele vestiu o casaco **do** meu filho.　他穿着我儿子的外套。

A Avenida **da** Liberdade é em Lisboa.　自由大道在里斯本。

● 连接交通工具:

| Vocês gostam de andar **de** bicicleta? | 你们喜欢骑车吗? |
| Fomos **de** táxi para o aeroporto. | 我们坐出租车去的机场。 |

但是:

| Hoje vou **na** bicicleta do meu irmão. | 我今天我要骑我兄弟的车。 |
| Vou **no** avião das cinco. | 我将坐五点那班飞机。 |

● 构成复合词时:

Queria um gelado **de** morango.	我想要一个草莓冰淇淋。
Compraste lenços **de** papel?	你买纸巾了吗?
Aluguei uma casa **de** férias.	我租了一间度假屋。

● 连接数量:

| Dê-me uma dúzia **de** ovos. | 请您给我一打鸡蛋。 |
| O bolo leva 250 gramas **de** margarina. | 蛋糕含 250 克黄油。 |

● 用于某些动词之后,例如:

depender de	依赖于……
duvidar de	怀疑
gostar de	喜欢
lembrar-se de	回忆起
precisar de	需要

| Não me **lembro do** código postal. | 我想不起邮政编码了。 |
| Isso **depende da** situação. | 视情况而定。 |

前置词 de 与其后的定冠词和不定冠词,以及与人称代词 ele/ela,eles/elas 和指示代词 este,esse,aquele 等缩合。

▶第 2 章 冠词,冠词与前置词的缩合,第 11 页。

▶第 7 章 前置词后的人称代词,第 41 页;

指示代词,指示代词与前置词的缩合,第 46 页。

em

用于下列情况：

● 用于 **estar**（暂处）**ficar**（停留）等表示静态的动词之后：

Nós estamos **no** correio.　　　我们在邮局。

Marcaste a mesa **no** restaurante?　　　你订了饭店的桌位了吗?

Nós hoje ficamos **em** casa.　　　我们今天待在家。

● 说明时间点或时间段：

O meu filho nasceu **em** 1983.　我儿子在 1983 年出生。

No sábado vamos ao mercado.　　　周六我们去市场。

Nós fizemos as compras **em** uma hora.　　　我们在一小时内买完了东西。

● 用于某些动词之后，例如：

entrar em	进入
meter em	放入，插入
pegar em	拿起
pensar em	思考

Não entres **no** escritório sem bater à porta.　　　进办公室前请敲门。

Peguei **na** mala e fui embora.　　我拿起箱子离开了。

前置词 **em** 与其后的定冠词和不定冠词，以及与人称代词 **ele/ela**，**eles/elas** 和指示代词 **este**，**esse**，**aquele** 等缩合

▶第 2 章 冠词，冠词与前置词的缩合，第 11 页。

▶第 7 章 前置词后的人称代词，第 41 页；

指示代词，指示代词与前置词的缩合，第 46 页。

por

用于下列情况：

● 说明地点：

Ele foi **pela** auto-estrada. 他走的高速公路。
Gosto de andar **pelo** parque. 我喜欢逛公园。

● 指明被动语态中的施动者：

Este carro foi comprado 这辆车被我们买下了。
por nós.
A salsicha foi comida **pelo** 香肠被狗吃掉了吗?
cão?

● 表示原因、途经、方式：

Não vou passear **por** falta de 时间不够，我就不去散步了。
tempo.

Escreve-me **por** correio 给我发电子邮件。
ele(c)tró(ô)-nico.

● 表示分配：

Tiro férias três vezes **por** ano. 我每年度假三次。
A entrada custa 10 Euros **por** 入场券每人 10 欧元。
pessoa.

● 用于某些动词之后，例如：

apaixonar-se por	爱上……
esperar por	等待
lutar por	斗争
passar por	通过

Esperamos **por** notícias dele. 我们等待他的消息。
Ele apaixonou-se **por** ela. 他爱上了她。

前置词 **por** 与其后的定冠词缩合。

▶第 2 章 冠词，冠词与前置词的缩合，第 11 页。

前置词和单词 casa（家）连用时不缩合，因为没有使用定冠词：

estar **em** casa	在家
ficar **em** casa	待在家
ir **a** casa	回家
passar **por** casa	从家路过

para

用于下列情况：

- 在 **ir**（去），**vir**（来），**voltar**（回来）等表示运动的动词之后，表达在目的地的停留时间从主观上判断相对较长：

Tenciona voltar **para** o Brasil?	您打算回巴西吗？
Depois do trabalho vou **para** casa.	我工作结束之后回家。

- 表明意图或目的：

Compre um CD **para** nós.	我给我们买了一张CD。
Vou dar uma volta **para** tomar ar fresco.	我去转一圈，呼吸下新鲜空气。

- 用于某些动词之后，例如：

partir para	启程去……
seguir para	去
traduzir para	翻译成……
não estar para	不想

Amanhã partimos **para** Berlim.	明天我们启程去柏林。
Não estou **para** me aborrecer!	我不想自寻烦恼！

在表示“为了……”时，非母语使用者通常混淆前置词 **por** 和 **para**。

请记住：

用前置词 **por**，行为的动机带有情感色彩；

用前置词 **para**，只涉及行为的目的或意图，不含感情色彩。

Por ti eu iria até ao fim do mundo!	为了你，我愿走到世界的尽头。
Obrigado **pelo** teu convite!	谢谢你的邀请！
Trouxe estas flores **para** ti.	我给你带了这些花。
Estes bolos são **para** nós.	这些蛋糕是给我们的。

desde

用于下列情况：

- 与空间相关某个行为的开始：

Desde o Norte até ao Sul. 从北到南。

- 与时间相关某个行为的开始：

Ela trabalha na universidade **desde** Junho de 2000. 她从 2000 年 6 月开始在大学工作。

Já não o vejo **desde** o ano passado. 从去年起我就没见过他。

desde 只用于时间点。如果不是时间起点（日期、某天、某年、某月等），而指时间段，则使用动词 **haver**（**há** 或其他时态）的第三人称单数来表达：

Vivo no campo **desde** 1994. 我从 1994 年起就生活在乡下了。

但是：

Vivo no campo **há** dez anos. 我生活在乡下有十年了。
Ele estuda português **desde** Janeiro. 他从一月开始学习葡萄牙语。

但是：

Ele estuda português **há** um semestre. 他学习葡萄牙语一学期了。

简单前置词一览表

a	去……，到……	entre	在……之间
até	直到	**para**	为了……，朝……方向
com	同……一起，用……	**perante**	在……面前，鉴于……
contra	反对……	**por**	为……，通过……
de	来自……	**sem**	没有……
desde	从……起	**sob**	在……之下
em	在……上/中，在……期间	**sobre**	关于……，在……上面

复合前置词

很多复合前置词的用法都不难，下列是部分常用的前置词短语：

ao pé de	在……旁边	dentro de	在……内
além de	除了……	fora de	在……外
antes de	在……之前	em frente de	在……对面
depois de	在……之后	atrás de	在……后面
em cima de	在……上面	em vez de	代替……
em baixo de	在……下面	a fim de	为了……
por causa de	因为	quanto a	至于……
longe de	离……远	à (em) volta de	在……周围
perto de	离……近	em casa de	在……家
a partir de	从……起	através de	通过

Depois do almoço ele toma sempre café.　　午饭后他总会喝咖啡。

Em vez de rosas comprei cravos.　　我没买玫瑰，而是买了康乃馨。

A escola é **perto da** estação.　　学校离火车站很近。

Espero por ti **dentro do** restaurante.　　我在饭店里等你。

 "为了……" 有两种表达方式：

1. a fim de 多用于书面用语：

   Escrevo-lhe **a fim de** reservar um quarto.　　我给您写信预订房间。

2. para 多用于口语：

   Telefono-lhe **para** reservar um quarto.　　我给您打电话预订房间。

动词和前置词的搭配

有些葡萄牙语动词可以搭配一个或几个前置词，下面总结搭配前置词宾语的常用动词。

前置词 **a**、**de**、**em**、**por**、**para** 在简单前置词的章节中已经详细讲解过了，搭配这些前置词的动词也列出了一部分，此处不再重复。

▶第 10 章 简单前置词，第 87 页。

其他搭配前置词的动词：

agradecer a/por	感谢某人 / 为某事
alegrar-se com	为……感到高兴
casar(-se) com	与某人结婚
concordar com	同意……
contar com	依靠……
decidir-se a/por	决定……
falar de/sobre	谈到……
servir de/para	用作……
sonhar com	梦到……
trocar de/por	与……交换

有些动词让非母语者非常头疼，这也无可厚非，搭配的前置词不同，动词的意义就会发生变化。下面举这个例子可不是要吓唬你，而是帮助你更好地理解……

动词 **dar**（给）及其前置词搭配：

1.	dar	**a**	给某人（间接宾语）
2.	dar	**a**	运动，摇摆
3.	dar	**com**	找到
4.	dar	**de si**	让步，放宽
5.	dar	**em**	变成
6.	dar	**para**	朝向，足以
7.	dar	**por**	注意到
8.	dar-se	**com**	与……相处
9.	dar-se	**em**	相称

1. Nós **damos** leite **ao** gatinho.　　　　我们给猫喂牛奶。

2. O cão **dava ao** rabo de alegria.　　　　这条狗开心地摇尾巴。

3. Fui **dar com** ele escondido.　　　　我找到他藏在哪里了。

4. Sapatos de couro **dão de si**.　　　　皮鞋变大了。

5. Tu ainda **dás em** maluco!　　　　你疯了！

6. A varanda **dá para** o mar.　　　　阳台面向大海。

7. Eu não **dei por** que chegaste.　　　　我没发现你到了。

8. Ele **dá-se** bem **com** os vizinhos.　　　　他和邻居相处和谐。

9. As flores **dão-se** bem **na** Madeira.　　　　花在马德拉长得很好。

如果这些你都掌握了，那你的葡萄牙语就顶呱呱了！

As conjunções – 连词

连词连接句子或句子成分。

连词分为并列连词和从属连词。两者皆无词形变化。

并列连词

并列连词连接同级的句子。举例如下：

apesar disso	尽管如此	ou ... ou	要么……要么……
e	和，并且	pois	因为
mas	但是	por isso	因此
nem	也不	portanto	所以
nem ... nem	既不……也不……	quer ... quer	无论……还是……
no entanto	然而	senão	否则
ou	或者	tanto ... como	既……又……

Está a chover, **apesar disso** vou sair.
下雨了，尽管如此，我还是要出门。

Hoje está sol **e** calor!
今天又晒又热！

Vou trabalhar, **mas** só mais tarde.
我要去上班，但还得再过会儿。

Ele não bebe cerveja **nem** vinho.
他不喝啤酒，也不喝葡萄酒。

Não temos despertador, **nem** ela **nem** eu.
我们没有闹钟，她和我都没有。

Não gosto muito de laranjas, **no en- tanto** como-as.
我不太喜欢橙子，但我还是会吃。

Vamos de carro **ou** de bicicleta?
我们坐车还是骑车？

Ou compro salmão **ou** linguado.
我要么买鲑鱼，要么买鳎鱼。

Foi, **pois**, um problema!
这的确是个问题！

Ele teve que trabalhar, **por isso** chegou tarde.
他得工作，因此来晚了。

Estamos cansados, **portanto** não saímos.
我们累了，所以就不出门了。

Quer venhas **quer** não, eu vou ao cinema.	不管你来不来，我都会去看电影。
Vai para a cama, **senão** adormeces em pé!	上床睡觉吧，否则你站着都要睡着了！
Tanto o sábado **como** o domingo foram agradáveis.	周六和周日都过得很愉快。

 quer ... quer 只在虚拟式中使用。

从属连词

从属连词连接主句和从句。

下列连词在虚拟式中使用：

a fim de que	为了，以便	embora	尽管
a não ser que	除非	mesmo que	即使
antes que	在……之前	para que	为了，以便
caso	如果	por muito que	哪怕再……也……
contanto que	只要	sem que	没有

Escrevo já hoje, **a fim de que** a carta chegue a tempo.	我今天就写信，以便信件及时到达。
Acompanho-te, **a não ser que** não queiras.	我陪你，除非你不想我陪着。
Vamos depressa, **antes que** o correio feche.	我们走快点，赶在邮局关门之前。
Caso o vejas, dá-lhe cumprimentos meus.	如果你看到他，代我向他问好。
Contanto que eu tenha tempo, vou ao cinema contigo.	如果我有时间，我就和你去看电影。
Embora fosse tarde, ela não queria ir para a cama.	尽管很晚了，她也不想上床睡觉。
Eu espero, **mesmo que** venhas tarde.	即便你迟到，我也等你。

Telefono-te **para que** me dês o ende- reço da tua mãe. | 我给你打电话，询问你妈妈的地址。

Por muito que eu lhe peça, ele não dança comigo! | 哪怕我再怎么求他，他都不和我跳舞！

Não vás para a cama, **sem que** tele- fones ao teu pai. | 不给你爸爸打电话，就不要上床睡觉。

▶第 9 章 虚拟式现在时、虚拟式过去未完成时和虚拟式先过时的用法，第 71 页。

一些连词可以根据上下文在虚拟式或陈述式中使用：

se	如果	虚拟式 / 陈述式
se	是否	陈述式，引导间接疑问句
quando	当……时	虚拟式将来时
	每当	陈述式现在时 / 过去未完成时
quando	当……时	陈述式简单过去完成时

Se vocês forem ao futebol, eu também vou. | 如果你们去踢足球，我也一起去。

Diz-me **se** não gostas do presente. | 如果你不喜欢这个礼物，和我说。

Se fosse um gato, dormia todo o dia. | 如果我是一只猫，我就整天睡大觉。

Não sei **se** o bolo já está pronto. | 我不知道蛋糕是否做好了。

Quando ele vier, mostra-lhe a carta. | 他来的时候给他看这封信。

Quando ele cozinha, a comida é exce-lente! | 他每次做的饭菜都很好吃！

Quando aterrámos, estava a chover. | 我们着陆的时候，正在下雨。

其他连词也可以使用虚拟式或陈述式，虚拟式表示可能性或者将来，陈述式表示事实。

até que	直到	**enquanto**	当……时
como	由于 / 按照	**logo que**	一……就……

conforme	按照	mal	一……就……
de modo que	以……方式 / 以便	que	连接从句，无意义
desde que	此后 / 只要	sempre que	每当 / 只要

Vais esperar aqui **até que** as lojas **abram**?	你要在这等到商店开门吗？
Esperei **até que** a chuva **parou**.	我一直等到雨停。
Faço tudo **como** tu **disseres**.	我照你说的做。
Como ela **dormiu** mal, está cansada.	她因为没睡好，所以很疲惫。

 只有当原因在前时，才能使用原因连词 **como**（由于），否则必须使用连词 **porque**（因为）。

Ela está cansada **porque dormiu** mal.	她很疲惫，因为她没睡好。
Fico em casa ou saio **conforme** o tempo **estiver**.	我待在家还是出门，取决于天气如何。
Conforme o médico **disse**, está tudo em ordem!	正如医生所说，一切都很顺利！
Poderias falar **de modo que** te en- tendam?	你能说得让大家都听得懂吗？
Ele fala tão depressa **de modo que** ninguém o **entende**!	他说得太快，以至于没人听得懂。
Podes sair **desde que** não **chegues** muito tarde.	你可以出门，只要你不要太晚回来。
Falas melhor português **desde que estiveste** em Portugal.	自从你去过葡萄牙，葡萄牙语就说得更好了。
Enquanto tu **estudares**, tiras boas notas.	你学习的话，就能得到好成绩。
Eu leio **enquanto** tu **vês** televisão.	你看电视时我看书。
Logo que chegues a casa, telefona-me.	你一到家就给我打电话。
Telefonei-te **logo que cheguei** a casa.	我一到家就给你打了电话。

Mal chegasse, já estaria a ralhar!	他人还没到，骂声就先到了!
Mal chegou, já está a ralhar!	他刚一到就开骂了!
Era bem possível **que** essa história **fosse** verdade.	这个故事很有可能是真的。
Ele prometeu-nos **que vinha**.	他向我们保证他会来。
Sempre que vás ao Porto, lembra-te de mim.	只要你去波尔图，就要想起我。
Sempre que como marisco, fico com sede.	我每次吃海鲜都会口渴。

▶第 9 章 虚拟式现在时、虚拟式过去未完成时和虚拟式先过时的用法，第 69 页。

Os tipos de frases – 句子类型

陈述句

陈述句的基本结构为：

主语	动词	直接宾语	间接宾语
O Raul 劳尔	fala 说	muitas línguas. 很多种语言。	
Nós 我们	oferecemos 送	flores 花	à nossa mãe. 给我们的母亲。

句中可以有主语，但并非必须。某些动词词尾常常只对应唯一的主语，此时主格人称代词可以省略。

(Nós) **falamos** chinês.	我们说汉语。
(Eu) **gosto** muito de fruta.	我非常喜欢水果。
(Tu) **és** mesmo simpática!	你真的很好！

如果动词词尾对应多个主语，建议使用主格人称代词，以避免误解：

| Você/ele/ela **comprou** um carro. | 您 / 他 / 她买了一辆车。 |
| Vocês/eles/elas/os senhores
compraram livros. | 你们 / 他们 / 她们买了书。 |

否定形式不改变陈述句的基本结构。

否定句中，否定词 **não** 总是直接位于动词之前！

Eu hoje **não** trabalho no jardim. 我今天不在花园工作。

▶第 14 章 否定，第 119 页。

动词和直接宾语一般连在一起，中间不会插入其他的句子成分。但是，葡萄牙语的状语可以放在陈述句的句首、句中或句末，此时语序十分灵活：

Amanhã vou para férias!	
Vou **amanhã** para férias!	我明天去度假！
Vou para férias **amanhã**!	

疑问句

疑问句的构成十分简单！它分为带疑问词的疑问句和不带疑问词的疑问句（通过语调体现）。

不带疑问词的疑问句

不带疑问词的疑问句是一般疑问句，无疑问词引导，可以用"是"或"否"来回答。

陈述句	Ele chegou atrasado.	他来晚了。
疑问句	Ele chegou atrasado?	他来晚了吗？
陈述句	Vamos dançar.	我们去跳舞。
疑问句	Vamos dançar?	我们去跳舞好吗？

从文字上看，问号是陈述句和疑问句的唯一区别。

那么问题来了：口语中如何辨别这种疑问句呢？当然是通过语调了！疑问句采用升调，即句尾语调上升。

Vais sair comigo? 你和我一起出去吗？

带有疑问词的疑问句

带疑问词的疑问句是特殊疑问句，不可以用"是"或者"否"来问答。这种疑问句采用主谓倒装：

疑问词	动词	主语
Quanto	custa	a entrada?
多少	花费	入场券？

入场券多少钱？

| **Qual** | é | o nosso hotel? |
| 哪个 | 是 | 我们的酒店？ |

带有 **é que** 的疑问句

在口语中，葡萄牙语的特殊疑问句经常会插入 **é que**，它直接跟在疑问词后面，此时主语和动词无需倒装：

疑问词	é que	主语	动词
Porque 为什么	**é que**	(tu)	vens tão tarde? 你来得这么晚？
Quando 什么时候	**é que**	(nós)	vamos para casa? 我们回家？

 é que 无需翻译。

▶第 7 章 疑问代词，第 49 页。

▶第 14 章 **É que**，第 124 页。

应答句

葡萄牙语的应答句，只用 **sim**（是）或 **não**（否）回答并不是很礼貌……

肯定回答

对问题的回答表示肯定，只需重复问句里的动词，动词用相应的人称变位：

Vais telefonar para casa?	你要打电话回家吗？
Vou.	要打。
Vocês **gostaram** do hotel?	你们对这个酒店满意吗？
Gostámos.	满意。
Ele **tinha comido** tudo?	他都吃光了吗？
Tinha.	都吃了。

当然，也可以在动词后面或前面（较少见）加上 **sim**：

Estás pronta para sair?	你准备好出门了吗？
Estou, **sim**.	是的。
Sim, estou.	是的。

为了加强肯定的语气，尤其针对否定形式的疑问句，通常加上 **pois** 回答：

Não queres ir para a praia?	你不想去沙滩吗？
Quero, **pois**!	想去，当然想去！

葡萄牙语中否定形式的疑问句，根据事实回答，无须纠结疑问句中的否定逻辑。

Ela **não foi** às compras?	她没有去购物吗？
Foi!	她去了！

如果问句中有 **já**（已经），**ainda**（还），**também**（也）或者 **só**（仅）这些副词，那么回答时需重复这些副词，而不是重复问句中的动词!

Já tocou para o intervalo?	休息的铃声已经响过了吗?
Já!	已经响过了。

否定回答

在非正式场合，否定回答用 **não** 就够了。用 **não** 加问句中的动词回答更为礼貌:

Sabes onde está a tesoura?	你知道剪刀在哪儿吗?
Não!	不知道!
O senhor **está** à espera do táxi?	先生您在等出租车吗?
Não, não estou.	不，我没有在等。

英语否定词 no, not 在葡萄牙语中的对应均为 **não**。

▶第 14 章 否定，第 119 页。

如果问句中有副词 **já**（已经），那么否定回答为 **ainda não**（还没有）或者只用 **não**（没有）回答:

Já visitou o novo centro comercial?	您已经去过新的商场了吗?
Ainda não.	还没有。

条件句

条件句由主句和用连词 **se**（如果）引导的从句组成。

条件包含在从句内。

现实条件句

在说话者看来，条件是可实现的或者可行的，即为现实条件句。区分现实条件句，要看条件是否能在未来或者当下实现，还是主句表达的只是从句的结果。

条件可在未来实现:

se- 从句	主句
虚拟式将来时	陈述式简单将来时或 陈述式现在时（口语）
Se ele **passar** no exame, 如果他通过考试，	**ficarei** muito contente. 我会非常满意。

se- 从句	主句
虚拟式将来时	陈述式简单将来时或陈述式 现在时（口语）
Se tu me **telefonares**, 如果你给我打电话，	**agradeço**-te. 我会感激你的。

条件在当下可以实现或者就是事实，或者主句与从句之间只
是因果关系：

se- 从句	主句
陈述式现在时	陈述式简单将来时、陈述式现 在时或命令式
Se ele **chega** a tempo, 如果他准时来，	ainda **poderemos** ir ao cinema. 我们还可以去看电影。
Se hoje não **te sentes** bem, 如果你今天不舒服，	não **venhas**. 那就不要来了。

非现实条件句

在说话者看来，条件是不可实现的，即为非现实条件句。

条件在当下或者未来不可实现，也就是说，条件不成立或存疑：

se- 从句	主句
虚拟式过去未完成时	简单条件式或陈述式过去未完成 时（口语）
Se eu **tivesse** um jardim, 假如我有一座花园，	**passaria** lá muito tempo. 我会在里面待很长时间。
Se não **fosse** tão tarde, 如果不是这么晚，	ainda **telefonava** ao meu filho. 我就会给我儿子打电话。
Se cães **soubessem** falar, 如果狗会说话，	**seria** tão engraçado! 一定很逗！

条件在过去不能实现：

se- 从句	主句

虚拟式先过时	复合条件式或简单条件式（很口语化）
Se nós **tivéssemos casado**, 如果我们当初结婚了，	**teríamos sido** felizes. 一定会幸福。
Se ele **tivesse ido** de férias, 如果他去度假了，	**teria descansado** muito. 他就会休息好。

se- 从句	主句
虚拟式先过时	复合条件式或简单条件式 （很口语化）
Se eles **tivessem comprado** um carro, 如果他们买了一辆车，	**poderiam** viajar mais vezes. 会更经常出门旅行。

se- 从句中不用条件式！

间接引语

间接引语由主句中表示说话的动词引导，例如 **dizer**（说），**afirmar**（声称），**responder**（回答），**perguntar**（问），**contar**（讲述）。从句动词的时态取决于主句动词。

主句动词是现在时态

主句动词是陈述式现在时或陈述式简单将来时，直接引语时态在间接引语中保持不变：

Na entrevista o futebolista **afirma**: "**Ficarei** até ao fim da temporada!"	在采访中，这位足球球员称："我会坚持到赛季结束。"
Na entrevista o futebolista **afirma** que **ficará** até ao fim da temporada.	在采访中，这位足球球员称，他会坚持到赛季结束。
Tenho a certeza que ele **responderá**: "**Está** tudo em ordem!"	我敢肯定，他会回答："一切正常！"
Tenho a certeza que ele **responderá** que **está** tudo em ordem.	我敢肯定，他会回答一切正常。

主句动词是过去时态

主句动词是表示过去的时态，间接引语从句的时态作如下变化：

直接引语		间接引语
陈述式现在时	→	陈述式过去未完成时
"O exame é fácil." "考试很简单。"		Ele disse que o exame **era** fácil. 他说考试很简单。
陈述式简单过去完成时	→	陈述式先过时
"O exame **foi** fácil." "考试很简单。"		Ele disse que o exame **tinha sido** fácil. 他说考试很简单。
陈述式简单将来时	→	简单条件式
"O exame **será** fácil." "考试会很简单。"		Ele disse que o exame **seria** fácil. 他说考试会很简单。
陈述式复合将来时	→	复合条件式
"O exame **terá sido** fácil." "考试应该很简单。"		Ele disse que o exame **teria sido** fácil. 他说考试应该很简单。
命令式	→	虚拟式过去未完成时
"**Faz** o exame!" "考试！"		Ele disse que **fizesse** o exame. 他说会参加考试。

A variante brasileira – 巴西葡萄牙语

本书以欧洲葡萄牙语语法为基础，但每一章都会指出其与巴西葡萄牙语差别较大的部分。本章对巴西葡萄牙语和欧洲葡萄牙语的主要区别进行总结。方便起见，采用下面的缩略形式：

欧洲葡萄牙语 = 欧葡

巴西葡萄牙语 = 巴葡

正字法

1. 在巴西葡萄牙语中不发音的辅音一般会省略不写：

欧葡	巴葡	中文
óptimo	ótimo	极好的
exacto	exato	准确的
acção	ação	行为

2. 若字母组合 -gue-/-gui- 或 -que-/-qui- 中的元音 u 发音，需要变音为 ü：

欧葡	巴葡	中文
aguentar	agüentar	忍受
frequente	freqüente	经常
tranquilo	tranqüilo	安静的

3. 重读音节中的元音 e 和 o 在 -m- 或 -n- 之前要加闭音符号，而非开音符号：

欧葡	巴葡	中文
ténis	tênis	网球
económico	econômico	经济的
António	Antônio	安东尼奥（人名）

但是注意：Helena, telefone

这些元音在巴西葡萄牙语中发闭口音，在欧洲葡萄牙语中却发开口音。但总体而言，巴西葡萄牙语与欧洲葡萄牙语相比，元音发音时一般开口更大。

欧葡	巴葡	中文
indemnização	indenização	赔偿
connosco	conosco	和我们一起

发音

元音

1. 非重读元音（**a**，**e** 和 **o**）一般比欧洲葡萄牙语开口更大：

	欧葡	巴葡	中文
café	[ke'fɛ]	[ka'fɛ]	咖啡
pessoa	[pə'soe]	[pe'soa]	人

2. 非重读音节的 **e** 在词尾发音为 **i**：

	欧葡	巴葡	中文
telefone	[tələ'fɔne]	[tele'fɔni]	电话
mole	['mɔle]	['mɔli]	软的

辅音

1. 在巴西葡萄牙语中，辅音 **d** 在 **-i-** 之前或在非重读词尾 **-e** 之前的发音类似于英语 jingle 中的 **j**。而在欧洲葡萄牙语中则发 d。这一差别很容易听出来！

	欧葡	巴葡	中文
dia	['die]	['dʒia]	天
dire(c)tor	[dirɛ'tor]	[dʒirɛ'to(ʀ)]	领导
verdade	[vər'dadə]	[ver'dadʒi]	真相

2. 在巴西葡萄牙语中，若辅音 **t** 在 **-i-** 之前和在非重读词尾 **-e** 之前，其发音类似英语 teacher 中的 ch。在欧洲葡萄牙语中，则发 **t**。

	欧葡	巴葡	中文
tio	[′tiu]	[′tʃiu]	叔叔
romântico	[Ru′mẽtiku]	[Ro′mẽtʃiku]	浪漫的
noite	[′noitə]	[′noitʃə]	夜晚

3. 欧洲葡萄牙语中，辅音 **l** 在音节结尾和词尾的发音像英语 hall 中的 **l**，而在巴西葡萄牙语中却像 **u**：

	欧葡	巴葡	中文
Brasil	[bre′zil]	[bra′ziʊ]	巴西
Carnaval	[kerne′val]	[karna′vaʊ]	狂欢节
Valdemar	[valdə′mar]	[vaʊdə′maR]	瓦尔德玛（人名）

4. 在欧洲葡萄牙语中，辅音 **r** 在词尾发单击颤音 **-r**；在巴西葡萄牙语中，在不同的地方，它发双击颤音 **-r** 或小舌音 **-r**，或者不发音：

	欧葡	巴葡	中文
senhor	[sə′ɲoɾ]	[sə′ɲo(R)]	先生
beber	[bə′beɾ]	[be′be(R)]	喝

5. 欧洲葡萄牙语中，在词尾或者音节结尾的辅音 **s** 以及辅音 **z**，发音类似英语 fish 中的 sh；巴西葡萄牙语中，它的发音介于浊辅音 s 与清辅音 s 之间：

	欧葡	巴葡	中文
casas	[′kazeʃ]	[′kazas]	房子
pescar	[pəʃ′kar]	[pes′kaR]	捕鱼
feliz	[fə′liʃ]	[fe′lis]	幸福的
rapaz	[Re′paʃ]	[ra′pas]	小伙子

称谓

巴西葡萄牙语的称谓比欧洲葡萄牙语的称谓更简单。

1. 人称代词 **tu**（你）只在巴西南部和东北部的几个地区使用，其他地区不使用 **tu** 及其对应的第二人称单数动词变位。第二人称"你"用人称代词 **você** 表达。

欧葡	**Tu** gostas de morangos?	你喜欢草莓吗?
巴葡	**Você** gosta de morangos?	

2. 称呼"您"在巴西葡萄牙语中为 **o senhor** 或 **a senhora**。欧洲葡萄牙语中，"您"有两种表达方式：非正式称呼时，用 **você**，正式称呼用 **o senhor** 或 **a senhora**。其相应的动词变位为第三人称单数。

欧葡 非正式	**Você** fala bem português.	
欧葡 正式	**O senhor / A senhora** fala bem português.	您的葡萄牙语说得很好。
巴葡	**O senhor / A senhora** fala bem português.	

3. 其他称谓在欧洲葡萄牙语和巴西葡萄牙语中是一致的。

Vocês são alemães?	你们是德国人吗?
Os senhores são alemães?	各位是德国人吗? （针对男性或男女混合群体）
As senhoras são alemãs?	各位女士是德国人吗?（针对女性）

一览表：

	欧葡	巴葡	中文
	tu	você	你
非正式	você	–	您（单数）
正式 / 表示尊敬	o senhor / a senhora	o senhor / a senhora	您（单数）
	vocês	vocês	你们

续表

欧葡	巴葡	中文
os senhores / as senhoras	os senhores / as senhoras	您们（复数）

在巴西葡萄牙语口语中，人们通常不用 Senhor + 名字（Senhor Joaquim – 若阿金先生），而用 Seu + 名字（Seu Joaquim），但它只适用于称呼关系亲密的男性。

句式结构

动词

1. 正在发生的行为用进行时表示。在欧洲葡萄牙语中，进行时由助动词 **estar** + 前置词 **a** + 主动词不定式构成。巴西葡萄牙语则用助动词 **estar** + 主动词的副动词构成：

欧葡	Está **a chover**.	正在下雨。
巴葡	Está **chovendo**.	
欧葡	Ele está **a estudar**?	他正在学习吗?
巴葡	Ele está **estudando**?	

2. 对于表示存在含义的有，欧洲葡萄牙语用动词 **haver** 的第三人称单数变位配合其相应时态表达。巴西葡萄牙语则通常用助动词 **ter** 的第三人称单数变位配合其相应时态表达：

欧葡	**Há** praias lindas no Brasil.	巴西有美丽的海滩。
巴葡	**Tem** praias lindas no Brasil.	
欧葡	Ontem na televisão **houve** um programa interessante.	昨天电视播放了一个有趣的电视节目。
巴葡	Ontem na televisão **teve** um programa interessante.	

3. 目前，欧洲葡萄牙语用助动词 ter 构成复合时态。在巴西，人们既用助动词 **haver**，也用助动词 **ter**，口语中也是如此：

欧葡	Ele **tinha** passado no exame.	
巴葡	Ele **havia** passado no exame.	他通过了考试。
欧葡	Se os operários **tivessem** sido pagos, não teriam feito greve.	
巴葡	Se os operários **houvessem** sido pagos, não teriam feito greve.	如果工人们拿到了工资，那他们也就不会罢工了。

4. 在欧洲葡萄牙语中，简单将来时主要用于书面用语，口语中通常用不久的将来形式。在巴西，简单将来时也常用于口语中：

| 欧葡 | **Vou convidar** a minha mãe para almoçar. | |
| 巴葡 | **Convidarei** minha mãe para almoçar. | 我会请我妈妈吃午饭。 |

代词

1. 第三人称单复数宾格代词作直接宾语时的位置

在巴西葡萄牙语口语中，大多数情况下会省略第三人称单复数宾格代词。在口语化的表达中，多用 **ele/ela, eles/elas**，而不是 **o/a, os/as**：

欧葡	Onde compraste esta blusa? Comprei-**a** na feira.	
巴葡	Onde você comprou esta blusa? Comprei na feira.	这件衬衣你在哪里买的？我在集市上买的。
欧葡	Deixa-**as** ir passear.	
巴葡	Deixe **elas** ir passear.	让她们散步去吧。

2. 在书面用语中，巴西与欧洲葡萄牙语的其他宾格代词和反身代词的位置一般相同。

在巴西葡萄牙语口语中，多将代词置于动词之前，省去连字符：

欧葡	Ele saudou-**me** da janela.	他透过窗户向我打了招呼。
巴葡	Ele **me** saudou da janela.	
欧葡	Podes fazer-**me** um favor?	你能帮我一个忙吗？
巴葡	Você pode **me** fazer um favor?	
欧葡	Eu chamo-**me** Rosa Maria.	我叫罗莎·玛丽亚。
巴葡	Eu **me** chamo Rosa Maria.	
欧葡	Vocês lembram-**se** desta praia?	你们记得这个海滩吗？
巴葡	Vocês **se** lembram desta praia?	

3. 在欧洲葡萄牙语中，物主代词前通常带有相应的定冠词，但在巴西葡萄牙语中，这种情况却很少见：

欧葡	**A minha** casa é grande.	我的房子大。
巴葡	**Minha** casa é grande.	
欧葡	**O nosso** jardim tem muitas flores.	我们的花园有很多花。
巴葡	**Nosso** jardim tem muitas flo- res.	

词汇

欧洲葡萄牙语和巴西葡萄牙语之间的差异与图皮 - 瓜拉尼语族的语言还有其他语言（包括非洲语言）紧密相关。美式英语对巴西葡萄牙语的影响也十分明显。

两者在词汇方面差异较大，其中重要的词汇已在下方列出：

1. 首先辨别那些同形异意的单词：

中文

欧葡	apelido	姓氏	巴葡	sobrenome
巴葡	apelido	绰号，外号	欧葡	alcunha

续表

		中文		
欧葡	banheiro	救护员	巴葡	salva-vidas
巴葡	banheiro	厕所	欧葡	casa de banho
欧葡	camisola	套头衫	巴葡	T-shirt
巴葡	camisola	睡衣	欧葡	camisa de noite
欧葡	rapariga	女孩	巴葡	moça
巴葡	rapariga	妓女	欧葡	puta
欧葡	sítio	地点	巴葡	lugar
巴葡	sítio	地产	欧葡	quinta

2. 有些单词，在欧洲葡萄牙语和巴西葡萄牙语中的含义完全不同，若不掌握，可能会引发尴尬局面：

中文	欧葡	巴葡
队列	**bicha**	fila
娘娘腔	maricas	**bicha**（贬义）
小孩	**miúdos**	crianças
鸡杂	miudezas	**miúdos**
屁股	rabo *	bunda

* rabo 这个词在欧洲葡萄牙语中它没有特殊含义，而在巴西它是非常粗俗的表达！

3. 存在差异的日常词汇节选：

欧葡	巴葡	中文
ananás（阳性）	abacaxi（阳性）	菠萝
atendedor de chamadas（阳性）	secretária eletrônica	电话应答机
autocarro	ônibus（阳性）	公共汽车
autoclismo	descarga	冲厕设备
bestial, porreiro（口语）	legal	好的，棒的
bilhete（阳性）	entrada, ticket（阳性）	入场券

续表

欧葡	巴葡	中文
castanho	marrom	棕色的
cerveja de barril	chope（阳性）	桶装啤酒
chávena	xícara	带耳杯
cinzento	cinza	灰色的
comboio	trem（阳性）	火车
conduzir	dirigir	驾驶
constipação（阴性）	resfriado	感冒
desporto	esporte（阳性）	运动
eléctrico	bonde（阳性）	有轨电车
ementa	cardápio	菜单
empregado (de mesa)	garçon（阳性）	服务员
está?	alô?	喂?（电话用语）
fato	terno	西服
fotocópia	xérox（阴/阳），fotocópia	复印件
frigorífico	geladeira	冰箱
fumador（阳性）	fumante（阳性）	吸烟者
gelado	sorvete（阳性）	冰淇淋
hospedeira	aeromoça	空姐
mau	ruim, mau	坏的，差的
olá!	oi!	嗨!（打招呼）
onde está/estão?	cadê?（口语）	在哪里?
paragem（阴性）	parada	车站
peão（阳性）	pedestre（阳性）	行人
penso rápido	bandaid（阳性）	创可贴

欧葡	巴葡	中文
pequeno-almoço	café da manhã（阳性）	早餐
portagem（阴性）	pedágio	公路收费站
publicidade（阴性）	propaganda	广告
santinho!	saúde!	祝 你 健康！（祝酒）
talho	açougue（阳性）	肉铺
telemóvel（阳性）	celular（阳性）	手机
tratar de	arrumar	处理

 在上表中，以 **-o** 结尾的单词为阳性，以 **-a** 结尾的为阴性。特殊情况以及以其他字母结尾的单词词性在括号中标出。

A aprender com cuidado – 语法难点

某些较难的语法点，使得葡萄牙语学习者经常犯同样的错误！本章专门帮助学习者攻克语法难点。有的语法之所以难，只是因为缺乏深入的学习……总之，祝大家成功！

否定

葡萄牙语中的否定形式与英语不同。"双重否定表肯定"在这里不一定行得通！让我们一条一条地来看……

1. 在葡萄牙语中，**não** 是最常用的否定副词。

Falas russo? **Não, não** falo.	你会说俄语吗？不，我不会。
Ele **não** é muito trabalhador.	他不是很勤奋。
Não tens fósforos?	你没有火柴吗？

2. **não** 总是直接位于动词之前：

Nós **não esperamos** por ti.	我们没有等你。
Os senhores **não vão** de táxi?	先生们不坐出租车去吗？

▶第 12 章 陈述句，第 102 页 & 应答句，第 104 页。

在口语中，为了增强否定的语气，巴西葡萄牙语通常在动词后再加上一个 **não**：

Com você eu **não** vou **não**!	我（绝对）不和你一起走！

3. 其他否定词：

● 变化型不定代词 **nenhum, nenhuma, nenhuns, nenhumas**（没有任何）

● 非变化型不定代词 **nada**（没有任何）**ninguém**（没有人），

● 否定副词 **nunca**（从不），**nunca mais**（不再）。

否定词位于动词前，就足以否定动词或句子。否定词位于动词后，通常还要在动词前加否定词 **não**，这种双重否定起强调作用，而非表示肯定。

Nenhum assunto lhe interessa.	什么事情都引不起
Não lhe interessa **nenhum** assunto.	他的兴趣。

Ninguém chegou a tempo.
Não chegou **ninguém** a tempo. } 没人准时来。

Nunca te critiquei.
Não te critiquei **nunca**. } 我从来没有批评过你。

Ele **nada** disse.
Ele **não** disse **nada**. } 他什么都没说。

4. 在下列表达中，用 **nem**（也不）替代 **não**：

● **nem um/uma**（一个也没有）

● **nem todos/todas**（不是所有的）

● **nem tudo**（不是一切）

● **nem sequer**（甚至都不）

● **nem sempre**（不总是）

这些表达并不是双重否定，所以并不需要再加上 **não**。

Nem todos escreveram o teste.　不是所有人都做了测试。
Nem tudo que luz é ouro.　　　不是所有发光的都是金子。
　　　　　　　　　　　　　　　（谚语）
Ele **nem sequer** me cumprimentou!他甚至都不和我打招呼！

否定连词 **nem ... nem**（既不……也不……）在表达否定时同样不需要加 **não**：

Ele **nem** veio **nem** telefonou.　　他没有来，也没有来电话。

5. "不再"在葡萄牙语中有两种表达：

● 与时间相关的用 **já não**

● 与数量相关的用 **não mais**

　Já não gosto de ti!　　　　　我再也不喜欢你了！

　Não me apetece comer **mais**. 我不想再吃东西了。

此种表达在巴西葡萄牙语中一般用 **não mais**，而不是 **já não**：

Não gosto **mais** de você!　　　我再也不喜欢你了！

ser 和 estar

葡萄牙语中，对应"是"这一含义的动词有两个，即 **ser**

（是）和 **estar**（暂处）。为了区分两者，下面详细讲解。

ser

动词描 **ser**（是）述的是本质特征和持续状态，有时也称它为持续性的"是"。它的用法如下：

1. 说明职业、国籍、信仰、性格特征、颜色、形状、材料等等：

O Henrique **é** médico.	恩里克是医生。
Nós **somos** chineses.	我们是中国人。
Esta zona é predominantemente protestante.	这个地区主要信仰新教。
Raul **é** uma pessoa com gosto.	劳尔是个有品位的人。
A nossa casa **é** branca.	我们的房子是白色的。
As praças de touros **são** redondas.	斗牛场是圆形的。
A tua blusa **é** de algodão.	你的衬衫是棉质的。

2. 说明日期和时间：

Amanhã já **é** o dia cinco de Junho.	明天已经是 6 月 5 日了。
São dez e meia.	现在是十点半。

3. 作助动词，构成被动语态：

A mesa **foi** reservada pelo meu chefe.	这张桌子被我的老板预定了。

4. 说明一个不变的地点，例如建筑、地理概念，简而言之是不会发生改变的位置：

A Ponte 25 de Abril **é** em Lisboa.	4.25 大桥在里斯本。

此种情况也可以使用动词 **ficar**（位于）：

A Serra da Estrela **fica** na Beira Alta.	
A Serra da Estrela **é** na Beira Alta.	星星山坐落于上贝拉区。

estar

动词 **estar**（暂处）描述的是暂时的状态。它的用法如下：

1. 表达感受、身体状况和天气情况等：

Ele hoje **está** muito triste.	他今天非常伤心。
Nós **estamos** constipados.	我们感冒了。

Como **está? Estou** bem, obrigado!   您好吗？我很好，谢谢！

Na semana passada **esteve** frio.   上个星期很冷。

2. 说明可变更的地点，多与前置词 **em** 连用：

Ontem **estivemos** na baixa.   昨天我们去了市中心。

Ele **está** de manhã sempre no Instituto.   他早上都在学院里。

Onde **estão** os meus sapatos?   我的皮鞋在哪儿？

3. 在进行时中作助动词：

- **estar** + **a** + 不定式（多用于欧洲葡萄牙语）

- **estar** + 副动词（多用于巴西葡萄牙语）

Estamos a trabalhar.   } 我们正在工作。
Estamos trabalhando.

4. 用于短语，例如：

estar pronto	完成
estar livre/ocupado	空着 / 占用
estar fechado/aberto	关闭 / 开放
estar ligado/desligado	连通 / 关闭
estar com fome	饿
estar com sede	渴

Estás pronto?   你准备好了吗？

O restaurante **está** fechado à segunda-feira.   这家饭店每周一不营业。

Estou com uma sede …   我可能是渴了……

▶第 8 章 助动词，第 56 页。

另外，还有一些形容词，根据表达的状态是否持续，可以选择和 **ser**

或与 **estar** 连用。这些形容词有 **bom**、**bonito**、**caro**、**doente**、**feliz** 等：

Tu **estás** muito bonita!   你太漂亮了！
（= 现在你打扮得漂亮。）

Tu **és** muito bonita!	你太漂亮了！ （＝我觉得你一直都漂亮。）
A minha avó **está** doente.	我祖母生病了。 （＝她目前在生病。）
A minha avó **é** doente.	我祖母生病了。 （＝她得了慢性病。）

在葡萄牙语中，这两个词使用不慎会导致表达意义的巨大差异。

如果您不确定用 **ser** 还是 **estar**，您可以看要表达的意思是否可以翻译为"暂处"（→ **estar**）。这个方法适用于大多数情况……

andar 和 ir

andar 和 **ir** 都有"走"的基本含义。两个动词意思相同，区分起来就不那么简单了，幸运的是还有些规则可循：

1. 动词 **andar** 用于泛泛的陈述，无具体目的地：

Gostas de **andar** de bicicleta no Verão?	你喜欢在夏天骑车吗？
Eu adoro **andar** a pé!	我非常喜欢步行！
Ela não tem medo de **andar** de avião.	她不怕坐飞机。

2. 动词 **ir** 总是和目的地连用：

Vais de bicicleta **para o** trabalho?	你骑车去上班吗？
Hoje **vou** a pé **para o** liceu.	我今天步行去中学上学。
Ela **vai** de avião **para Santa Catarina**.	她坐飞机去圣卡塔琳娜州。

3. 在固定表达中，动词也是固定的，例如 **andar em = frequentar**（上学）、**ir de férias**（去度假）：

| **Em** que escola **anda** o seu filho? | 您的儿子上哪所学校？ |
| **Foste de férias** no ano passado? | 你去年去度假了吗？ |

muito 和 muito/-a，muitos/-as

muito 通常有两种含义："许多" 和 "很，非常"。问题在于：何时表达何意？结合具体情况，问题就简单了。一般来说：

1. muito 作副词，意为 "很，非常"。与其他副词一样，没有性数变化：

Esta revista é **muito** informativa.	这本杂志信息量很大。
Gosto **muito** de fruta.	我非常喜欢水果。
Já falas **muito** bem português.	你的葡萄牙语已经说得很好了。

但是：

若动词表达的动作行为可量化，例如 **trabalhar**（工作），**comer**（吃），**beber**（喝），**chover**（下雨），**nevar**（下雪）等，**muito** 一般意为 "很多"。

Está a chover **muito**!	雨下得很大！
Não bebas **muito**!	你别喝太多！

2. 作变化型不定代词 **muito/-a, muitos/-as**，意为 "很多"。它们始终与名词搭配使用，且性数和所修饰的名词保持一致。

Eles bebem **muito** café.	他们喝很多咖啡。
Para isso precisas de **muita** força.	你需要很大力气才能做这项工作。
Há **muitos** tipos de rosas.	玫瑰有很多品种。
Conheces **muitas** praias no Norte?	你知道很多的北方沙滩吗？

另外，这两种形式都可以升级：

Esta revista é **muitíssimo** informativa.	这份杂志信息量极大。
Há **muitíssimos** tipos de rosas.	玫瑰有极其多的品种。

é que

é que 在句中的发音对于大部分非母语者来说并不简单！因为它紧跟在疑问词之后，读起来就像绕口令：

O que **é que** vocês vão comer?	你们要吃什么？

é que 用于下列情况：

1. 在口语中，用于带疑问词的疑问句。疑问句的意义不会发生变化，也就是说，**é que** 并无任何含义，但它把句式变得简单，因为无需倒装，所以在口语中很常用：

Quanto é que o café custou? 咖啡花了多少钱？

▶第 12 章 带有疑问词的疑问句，第 103 页。

2. 置于副词、名词之后，起强调作用：

Ele é que quer ir a uma casa de fados. 是他想去法多之家。（他是想去法多之家的那个人。）

Hoje é que chegou o teu postal. 你的明信片今天到了。

3. 在句首，意为"因为"、"即，就是……"：

Não vou contigo. **É que** não tenho tempo nenhum … 我不和你一起去。因为我根本没有时间……
Qual é o problema? 有什么问题吗？
É que me esqueci dos óculos … 我忘记戴眼镜了……

pois

每个听过葡萄牙语的人都知道 **pois**。它是一个很常用的肯定副词，但用法却不简单。下面列举了一些它的用法：

1. 强调肯定回答：

Vais à festa? 你是去参加派对吗？
Vou, **pois**!
Pois vou! } 是啊！

2. 对否定问句进行肯定回答：

Não compraste manteiga? 你没买黄油吗？
Comprei, **pois**. 我买了。

▶第 12 章 应答句，第 104 页。

3. 在交谈中，对说话人的话语表示肯定，尤其是在打电话时：

Pois, tens razão! 对，你说得对！
Pois é! 确实是这样！
Ah! **Pois**! 啊！是的！
Pois claro! 当然！
Pois, pois ... 对，对……
Pois … 是的……

4. **pois não** 可以用来：

在欧洲葡萄牙语中：

用于回答否定疑问句，如果说话人知道对方期待否定的答复：

Não foste ao médico?	你没去看医生吗？
Pois não, já estou melhor.	没有，我已经好多了。
Não vamos para a praia?	我们不去海滩了吗？
Pois não, o tempo está mau!	不去了，天气太差了！

 在巴西葡萄牙语中：

对于请求作出礼貌和同意的回应：

Você pode me trocar esta nota?	你能帮我换这张钱吗？
Pois não!	好的！

结语

在本章的讲解之后，相信你对葡萄牙语的难点知识已经做到心中有数了。还有一个小小的安慰就是：葡萄牙语里有个短语叫做 **dar pontapés na gramática**（犯语法错误）。母语使用者会犯的错误，非母语使用者也可能会犯，不是吗？

还有一点很重要：葡萄牙人、巴西人以及所有葡萄牙语的母语使用者，都非常尊重努力学习葡萄牙语的外国人。就算你说错了，他们也会肯定你所付出的努力。

总之，一直学习，就会进步，一定能掌握葡萄牙语语法！

附录：主要不规则动词变位表

主要不规则动词变位表

下表列出的是动词词干发生变化的不规则动词。未给出的时态或变位表示其变化是规则的。

少部分不常用动词未在此处列出。

星号（*）表示所标变位现今几乎已经不再使用。

➡ 表示两个动词变位规则类似。

- **cair**（掉下） ➡ **sair**
- **chegar**（到达） ➡ **pagar**　例外：过去分词：chegado
- **cobrir**（覆盖） ➡ **dormir**　例外：过去分词：**coberto**
- **consumir**（消费）➡ **subir**
- **crer**（相信） ➡ **ler**
- **dar**（给）

陈述式		虚拟式			命令式
现在时	简单过去完成时	现在时	过去未完成时	（虚拟式）简单将来时	
dou	**dei**	**dê**	**desse**	**der**	
dás	**deste**	**dês**	**desses**	**deres**	**dá** / **não dês**
dá	**deu**	**dê**	**desse**	**der**	**dê**
damos	**demos**	**dêmos**	**déssemos**	**dermos**	**dêmos**
dão	**deram**	**dêem**	**dessem**	**derem**	**dêem**

- **despir**（脱下）➡ **sentir**
- **divertir(-se)**（消遣）➡ **sentir**
- **dizer**（说）

陈述式			条件式	虚拟式	
现在时	简单过去完成时	简单将来时		现在时	过去未完成时
digo	**disse**	**dir**ei	**dir**ia	**dig**a	**disse**sse
dizes	**disse**ste	**dir**ás	**dir**ias	**dig**as	**disse**sses
diz	**disse**	**dir**á	**dir**ia	**dig**a	**disse**sse
dizemos	**disse**mos	**dir**emos	**dir**íamos	**dig**amos	**disse**ssemos
dizem	**disse**ram	**dir**ão	**dir**iam	**dig**am	**disse**ssem

虚拟式	命令式
（虚拟式）简单将来时	
disser	
disseres	**diz** / não **dig**as
disser	**dig**a
dissermos	**dig**amos
disserem	**dig**am
过去分词：**dito**	

相同变位 **contradizer**（反驳），**redizer**（重复说）等

● **dormir**（睡觉）

陈述式	虚拟式	命令式
现在时	现在时	
durmo	**durm**a	
dormes	**durm**as	dorme / não **durm**as
dorme	**durm**a	**durm**a
dormimos	**durm**amos	**durm**amos
dormem	**durm**am	**durm**am

● **estar**（暂处）

陈述式		虚拟式			命令式
现在时	简单过去完成时	现在时	过去未完成时	（虚拟式）简单将来时	
estou	estive	esteja	estivesse	estiver	
estás	estive-ste	estejas	estivesses	estiveres	está / não estejas
está	esteve	esteja	estivesse	estiver	esteja
estamos	estive-mos	esteja-mos	estivés-semos	estiver-mos	estejamos
estão	estive-ram	estejam	estivessem	estiver-em	estejam

● **fazer**（做）

陈述式			条件式	虚拟式	
现在时	简单过去完成时	简单将来时		现在时	过去未完成时
faço	fiz	farei	faria	faça	fizesse
fazes	fizeste	farás	farias	faças	fizesses
faz	fez	fará	faria	faça	fizesse
fazemos	fizemos	faremos	faríamos	façamos	fizéssemos
fazem	fizeram	farão	fariam	façam	fizessem

虚拟式	命令式
（虚拟式）简单将来时	
fizer	
fizeres	faz / não faças
fizer	faça
fizermos	façamos
fizerem	façam

过去分词：**feito**

相同变位：**refazer**（重做）等

- **ferir(-se)**（受伤）➡ **sentir**
- **ficar**（留在，位于）

陈述式	虚拟式	命令式
简单过去完成时	现在时	
fiquei	fique	
ficaste	fiques	fica / não fiques
ficou	fique	fique
ficámos	fiquemos	fiquemos
ficaram	fiquem	fiquem

- **haver**（有）（第三人称单数）

陈述式		虚拟式		
现在时	简单过去完成时	现在时	过去未完成时	（虚拟式）简单将来时
há	houve	haja	houvesse	houver

- **ir**（去，走）

陈述式			虚拟式			命令式
现在时	简单过去完成时	过去未完成时	现在时	过去未完成时	（虚拟式）简单将来时	
vou	fui	ia	vá	fosse	for	
vais	foste	ias	vás	fosses	fores	vai / não vás
vai	foi	ia	vá	fosse	for	vá
vamos	fomos	íamos	vamos	fôssemos	formos	vamos
vão	foram	iam	vão	fossem	forem	vão

- **ler**（阅读）

陈述式	虚拟式	命令式
现在时	现在时	
leio	**lei**a	
lês	**lei**as	**lê** / não **lei**as
lê	**lei**a	**lei**a
lemos	**lei**amos	**lei**amos
leem	**lei**am	**lei**am

● **ouvir**（听）

陈述式	虚拟式	命令式
现在时	现在时	
ouço	**ou**ça	
ouves	**ou**ças	ouve / não **ou**ças
ouve	**ou**ça	**ou**ça
ouvimos	**ou**çamos	**ou**çamos
ouvem	**ou**çam	**ou**çam

● **pagar**（支付）

陈述式	虚拟式	命令式
简单过去完成时	现在时	
paguei	**pagu**e	
pagaste	**pagu**es	paga / não **pagu**es
pagou	**pagu**e	**pagu**e
pagámos	**pagu**emos	**pagu**emos
pagaram	**pagu**em	**pagu**em

过去分词：pagado*/**pago**

● **passear**（散步）

陈述式	虚拟式	命令式
现在时	现在时	
passeio	**passeie**	
passeias	**passeies**	**passeia** / não **passeies**
passeia	**passeie**	**passeie**
passeamos	passeemos	passeemos
passeiam	**passeiem**	**passeiem**

- **pedir**（请求）

陈述式	虚拟式	命令式
现在时	现在时	
peço	**peça**	
pedes	**peças**	pede / não **peças**
pede	**peça**	**peça**
pedimos	**peçamos**	**peçamos**
pedem	**peçam**	**peçam**

- **pentear(-se)**（梳头）➡ **passear**
- **perder**（失去）

陈述式	虚拟式	命令式
现在时	现在时	
perco	**perca**	
perdes	**percas**	perde / não **percas**
perde	**perca**	**perca**
perdemos	**percamos**	**percamos**
perdem	**percam**	**percam**

- **poder**（可以）

陈述式		虚拟式		命令式
现在时	简单过去完成时	现在时	过去未完成时	（虚拟式）简单将来时	
posso	pude	possa	pudesse	puder	
podes	pudeste	possas	pudesses	puderes	pode / não possas
pode	pôde	possa	pudesse	puder	possa
podemos	pudemos	possa-mos	pudésse-mos	puder-mos	possamos
podem	puderam	possam	pudessem	puderem	possam

● **pôr**（放置）

陈述式			虚拟式		
现在时	简单过去完成时	过去未完成时	现在时	过去未完成时	（虚拟式）简单将来时
ponho	pus	punha	ponha	pusesse	puser
põees	puseste	punhas	ponhas	pusesses	puseres
põe	pôs	punha	ponha	pusesse	puser
pomos	pusemos	púnhamos	ponha-mos	puséssemos	pusermos
põem	puseram	punham	ponham	pusessem	puserem

命令式

põe / não ponhas
ponha
ponhamos
ponham

Particípio: **posto**

相同变位：**compor**（组成），**dispor**（安排），**expor**（展出），

impor（强迫），**opor**（反对），**propor**（建议）等

- **preferir**（偏爱） **sentir**

- **prevenir**（预防） **sentir**

- **querer**（想要）

陈述式		虚拟式			命令式
现在时	简单过去完成时	现在时	过去未完成时	（虚拟式）简单将来时	
quero	quis	queira	quisesse	quiser	
queres	quiseste	queiras	quisesses	quiseres	quer / não queiras
quer	quis	queira	quisesse	quiser	queira
quer-emos	quisemos	queira-mos	quisésse-mos	quisermos	queira-mos
querem	quiseram	queiram	quisessem	quiserem	queiram

相同变位：**requerer**（要求）等

- **repetir**（重复）➡ **sentir**

- **rir**（笑）

陈述式	虚拟式	命令式
现在时	现在时	
rio	ria	
ris	rias	ri / não rias
ri	ria	ria
rimos	riamos	riamos
riem	riam	riam

相同变位：**sorrir**（微笑）

- **saber**（知道）

陈述式		虚拟式		
现在时	简单过去完成时	现在时	过去未完成时	（虚拟式）简单将来时
sei	soube	saiba	soubesse	souber
sabes	soubeste	saibas	soubesses	souberes
sabe	soube	saiba	soubesse	souber
sabemos	soubemos	saibamos	soubéssemos	soubermos
sabem	souberam	saibam	soubessem	souberem

命令式

sabe / não **saib**as
saiba
saibamos
saibam

● **sair**（出去）

陈述式			虚拟式	
现在时	简单过去完成时	过去未完成时	过去未完成时	（虚拟式）简单将来时
saio	saí	saía	saísse	sair
sais	saíste	saías	saísses	saíres
sai	saíu	saía	saísse	sair
saímos	saímos	saíamos	saíssemos	saírmos
saem	saíram	saíam	saíssem	saírem

Particípio: **saído**

● **sentir**（感觉）

陈述式	虚拟式	命令式
现在时	现在时	
sinto	**sint**a	
sentes	**sint**as	**sent**e / não **sint**as
sente	**sint**a	**sint**a
sentimos	**sint**amos	**sint**amos
sentem	**sint**am	**sint**am

● **ser**（是）

	陈述式		虚拟式		
现在时	简单过去完成时	过去未完成时	现在时	过去未完成时	（虚拟式）简单将来时
sou	**fui**	**er**a	**sej**a	**foss**e	**for**
és	**fost**e	**er**as	**sej**as	**foss**es	**for**es
é	**foi**	**er**a	**sej**a	**foss**e	**for**
somos	**fo**mos	**ér**amos	**sej**amos	**fôss**emos	**for**mos
são	**for**am	**er**am	**sej**am	**foss**em	**for**em

命令式

sê / não **sej**as
seja
sejamos
sejam

Particípio: **sido**

● **servir**（服务）➡ **sentir**

● **subir**（上升）

陈述式	命令式
pres.	
subo	
sobes	sobe / não subas
sobe	suba
subimos	subamos
sobem	subam

● **ter**（有）

	陈述式		虚拟式		
现在时	简单过去完成时	过去未完成时	现在时	过去未完成时	（虚拟式）简单将来时
tenho	tive	tinha	tenha	tivesse	tiver
tens	tiveste	tinhas	tenhas	tivesses	tiveres
tem	teve	tinha	tenha	tivesse	tiver
temos	tivemos	tínhamos	tenhamos	tivéssemos	tivermos
têm	tiveram	tinham	tenham	tivessem	tiverem

命令式
tem / não tenhas
tenha
tenhamos
tenham

相同变位：**conter**（包含），**deter**（扣留），**entreter**（娱乐），**manter**（保持）等

● **trazer**（带来）

陈述式			条件式	虚拟式
现在时	简单过去完成时	简单将来时		现在时
trago	**trouxe**	**trar**ei	**trar**ia	**trag**a
trazes	**troux**este	**trar**ás	**trar**ias	**trag**as
traz	**trouxe**	**trar**á	**trar**ia	**trag**a
trazemos	**troux**emos	**trar**emos	**trar**íamos	**trag**amos
trazem	**troux**eram	**trar**ão	**trar**iam	**trag**am

虚拟式		命令式
过去未完成时	（虚拟式）简单将来时	
trouxesse	**troux**er	
trouxesses	**troux**eres	**traz** / não **trag**as
trouxesse	**troux**er	**trag**a
trouxéssemos	**troux**ermos	**trag**amos
trouxessem	**troux**erem	**trag**am

● **ver**（看见）

陈述式		虚拟式			命令式
现在时	简单过去完成时	现在时	过去未完成时	（虚拟式）简单将来时	
vejo	**vi**	**veja**	**vi**sse	**vir**	
vês	**vi**ste	**vej**as	**vi**sses	**vir**es	**vê** / não **vej**as
vê	**viu**	**veja**	**vi**sse	**vir**	**veja**
vemos	**vi**mos	**vej**amos	**ví**ssemos	**vir**mos	**vej**amos
veem	**vi**ram	**vej**am	**vi**ssem	**vir**em	**vej**am

过去分词：**visto**

同理：**prever**（预见）, **rever**（检查）等

● **vestir**（穿衣） **sentir**

● **vir**（来）

	陈述式			虚拟式	
现在时	简单过去完成时	过去未完成时	现在时	过去未完成时	（虚拟式）简单将来时
venho	**vim**	**vinha**	**venha**	**viesse**	**vier**
vens	**vieste**	**vinhas**	**venhas**	**viesses**	**vieres**
vem	**veio**	**vinha**	**venha**	**viesse**	**vier**
vimos	**viemos**	**vínhamos**	**venhamos**	**viéssemos**	**viermos**
vêm	**vieram**	**vinham**	**venham**	**viessem**	**vierem**

命令式

vem / não **venh**as
venha
venhamos
venham

Particípio: **vindo**